OBSERVE AND EXPERIENCE THE ACHIEVEMENTS OF POVERTY ALLEVIATION
—THE DOCUMENTARY BOOK OF SOCIAL PRACTICE WRITTEN BY SCHOOL OF AUTOMATION, BEIJING INSTITUTE OF TECHNOLOGY

# “心”走扶贫路

## 北京理工大学
## 自动化学院社会实践纪实

张宏亮　主编

北京理工大学出版社
BEIJING INSTITUTE OF TECHNOLOGY PRESS

图书在版编目（CIP）数据

“心”走扶贫路：北京理工大学自动化学院社会实践纪实/张宏亮主编．—北京：北京理工大学出版社，2019．4

ISBN 978－7－5682－6976－6

Ⅰ．①心…　Ⅱ．①张…　Ⅲ．①扶贫－调查报告－中国　Ⅳ．①F126

中国版本图书馆 CIP 数据核字（2019）第 071994 号

出版发行／北京理工大学出版社有限责任公司
社　　址／北京市海淀区中关村南大街 5 号
邮　　编／100081
电　　话／（010）68914775（总编室）
　　　　　（010）82562903（教材售后服务热线）
　　　　　（010）68948351（其他图书服务热线）
网　　址／http：//www. bitpress. com. cn
经　　销／全国各地新华书店
印　　刷／保定市中画美凯印刷有限公司
开　　本／710 毫米×1000 毫米　1/16
印　　张／10. 25
彩　　插／4
字　　数／152 千字
版　　次／2019 年 4 月第 1 版　2019 年 4 月第 1 次印刷
定　　价／45. 00 元

责任编辑／申玉琴
文案编辑／申玉琴
责任校对／周瑞红
责任印制／李志强

# 编委会


主　编：张宏亮

编　委：曾昀聪　贺小琴　金林剑　罗　茜

郭晓婧　粟　名　向玉兰　赵维鹏

李家琪　尹　倩　姚明清　全恒志

当今中国最鲜明的时代主题，就是实现"两个一百年"奋斗目标，实现中华民族伟大复兴的中国梦。党的十九大报告指出，"青年一代有理想、有本领、有担当，国家就有前途，民族就有希望"。身处新时代，青年学生要紧紧抓住难得的历史机遇，把人生理想融入实现中华民族伟大复兴的中国梦的奋斗中，把爱国之情、强国之志、报国之行统一起来。

青年要成长为国家栋梁之材，既要读万卷书，又要行万里路。大学生参加社会实践对于拓阔眼界、提升能力、充实社会体验、丰富人生经历都十分有益。高校学生利用寒暑假进行社会实践调研，开展支教活动、志愿活动、扶贫活动，既能展现当代大学生践行青年的使命、报效祖国的情怀，又能在亲身参与劳动中认识国情、了解社会，增强对国家和社会的责任感，树立远大抱负。习近平总书记曾经说过："我当年在梁家河插队，实际上就是在上社会大学，向群众学习，向实践学习，那段经历让我受益匪浅。"

国史国情需要迈开双脚到大好河山中阅读，奋斗激情需要到触及心灵的体验中点燃！大学生参加社会实践，是大学生第二课堂的重要组成部分。通过创新工作方式方法、拓展实践的平台和途径，构建完善的社会实践体系，可以有效引导青年学生真正理解中国梦的丰富内涵，在实现自我价值的同时，助力国家富强、民族振兴、人民幸福，用中国梦激荡青春梦。脱贫攻坚战是决胜全面建成小康社会必须打赢的三大攻坚战之一，将社会实践与扶贫调研相结合，教育引导学生在亲身参与中增强实践能力、形成理性思维，促进青年学生在实践过程中感受脱贫攻坚的伟大脉搏，真正理解“两个一百年”奋斗目标，牢固树立“四个正确认识”，同时也助力扶贫攻坚战，为实现中华民族伟大复兴的中国梦而努力奋斗。

到2020年，让贫困人口和贫困地区同全国人民一道进入全面小康社会，这是中国共产党的庄严承诺。党的十八大以来，习近平总书记作出全面部署，提出“精准扶贫、精准脱贫”的指导思想，带领全国人民打响了脱贫攻坚战。“从大兴安岭到秦巴山区，从黄土高坡到云贵高原，从武夷山区到乌蒙山区，从大别山区到吕梁山区……”习近平总书记风雨兼程，心怀着对贫困地区群众的深深牵挂，几乎走遍了全国14个集中连片特困地区，指导扶贫工作的具体开展。从2013年至2017年，全国累计脱贫人口超过6 500万，这个数字相当于法国的人口总数，我国的贫困发生率从2012年年底的10.2%下降到2017年年底的3.1%，脱贫攻坚力度之大、规模之大、成效之著、影响之深，前所未有。

北京理工大学自动化学院在“十三五”期间，开展扶贫调研专题社会实践活动，派出学生社会实践团走访贫困县。学院以“‘心’走扶贫路——追寻习近平总书记扶贫足迹”为主题，引导青年学生走出校园，通过社会调研、志愿服务等活动深入贫困县调研，增强对社会和国情的了解；引导青年学生深刻领会全面建成小康社会的重大决策部署，发挥大学生优势，积极开展科技扶贫、教育扶贫活动，提升大学生服务基层的意识与能力；引导青年学生学习和思考习近平总书记胸蕴家国、心系人民的情怀和抓铁有痕、踏石留印的真抓实干精神。学院提出“一县·二村·三农”的扶贫调研实践形式。“一县”即实践团队采访当地扶贫主管副县长或对口支援单位干部扶贫工作开展情况，以观察、访谈的方式，了解贫困县落实国家政策、制定具体举措、脱贫攻坚实际成效的具体情况，加深对全面建成小康社会的理解和认识。“二村”即实地走访贫困县乡村，现场参观当地扶贫项目，切身体会脱贫攻坚一线情况；采访村派驻第一书记或当地村干部，了解扶贫政策及举措的具体开展情况。“三农”即采访一户农户，参与一次农活，体验一次农家饭，了解村民对扶贫政策、扶贫实效的切实感受，收集基层扶贫的感人故事。学院鼓励实践团队走进习近平总书记曾走访的农家，听述总书记扶贫调研的故事，通过第三者的讲述，感受习近平总书记的人民情怀和领袖魅力。此外，学院还要求实践团队根据队员的学科专业和技能特长设计科教服务的内容，利用所学开展科技扶贫、智力扶贫。

在2017年重点走访山西、河北两省共16个贫困县的工作基础上，自动化学院结合学校“担复兴使命、做时代新人”主题教育活动的要求，于2018年7月至8月，组建25个扶贫专题暑期社会实践团共166名实践团员及带队老师，追寻习近平总书记扶贫调研足迹，走访了陕西延川县、河北阜平县、甘肃渭源县、宁夏泾源县、湖南花垣县、贵州遵义县、安徽金寨县、山西岢岚县、江西井冈山县等共21个贫困县，累计行程25 000余公里；在学院公众号发出实践通讯20余篇，阅读量达12 000余次；获得光明日报客户端、中国青年网、石家庄日报、新湖南客户端、安化新闻网、汇川新闻等媒体报道近20次。

学院“‘心’走扶贫路”主题社会实践，获得团中央全国大中专学生暑期“三下乡”社会实践“千校千项”最具影响好项目、强国一代新青年、优秀通讯员、优秀报道奖等奖项；入选中青网“2018寻找全国大学生百强暑期实践团队”的“最佳实践团队”；在中国青年报社“寻找2018全国大学生百强暑期实践团队”活动中，2名带队教师被评为“最佳实践带队教师”，4个实践团被评为“最佳实践团队”。

在前期各实践团队深入走访调研的基础上，后期编者对相关资料整理核实，查阅政府工作报告、阅研专题文献和时事新闻，回访相关工作人员、征询数据信息公开授权等，收集整理形成本书。全书共收集调研报告7篇、心得感悟30篇，以及采访实录、新闻报道和部分现场照片，共分为扶贫之报告、扶贫之感悟、扶贫之实录三大部分。扶贫之报告部分收录学生深入扶贫一线观察体验形成的社会调研报告。扶贫之感悟部分收录了学生的实践心得，真实记录了大学生实践的成长收获。扶贫之实录部分收录了实践团队采访当地扶贫干部的部分优秀报道作品。

本书的整理和出版得到了北京理工大学出版社以及自动化学院师生的大力支持，在此深表感谢。本书部分章节内容得到了所走访贫困县的各级党委和政府相关领导的大力支持，在此一并感谢！

由于水平有限，本书如有不妥之处，还望读者批评指正。

在此书付梓出版之际，再次对全体参与社会实践的师生，对支持此项工作的学校部门领导、学院领导和各相关区县（州）、镇（乡）、村的人民表示由衷的感谢！

Contents



# 目录

## 第一章 扶贫之报告



## 第二章 扶贫之感悟

## 第三章 扶贫之实录



## 附录

# 第一章

# 扶贫之报告

# 风起十八洞，攻坚在湘西

## ——赴湖南湘西土家族苗族自治州扶贫调研报告

摘　要：十九大报告指出："从现在到二〇二〇年，是全面建成小康社会决胜期。"如今扶贫工作已进入"啃硬骨头、攻坚拔寨"的冲刺期，为深入了解扶贫政策，更好地向实现"两个一百年"奋斗目标进军，湖南花垣调研队重走习总书记扶贫路，前往湘西自治州进行了为期三天的实地考察。通过一系列调查走访，分析了制约湘西自治州发展的因素，并了解了政府对扶贫工作的支持政策；简要阐述了湘西自治州精准扶贫、带领村民快速脱贫的措施，并给出了部分建议。

关键字：精准扶贫；因地制宜；"三保障"；可复制模式

## 一、调研背景

本次社会实践的目标地区我们选为湘西土家族苗族自治州。湘西土家族苗族自治州位于湖南省西北部，地处湘鄂黔渝四省市交界处，主要为武陵山脉中部地段，现辖7县、1市、1个经济开发区，有115个乡镇（街道），土地面积1.55万平方公里，总人口298万人，其中以土家族、苗族为主的少数民族占80%。

湘西是习近平总书记精准扶贫重要论述的首倡地，是国家西部开发、国家承接产业转移示范区、武陵山片区区域发展与扶贫攻坚试点地区，是湖南省唯一的少数民族自治州和扶贫攻坚主战场。近年来，湘西土家族苗族自治州牢记习总书记殷切嘱托，以精准扶贫脱贫来打赢脱贫攻坚战，相应出台了一系列相关政策确保贫困人口快速脱贫、持续脱贫。湘西土家族苗族自治州扶贫办下大力气抓实精准识别、下大力气抓牢动态管理、下大力气抓稳精准帮扶，以解决村民的“三保障”问题为基础，对村民进行扶贫、扶志、扶智，经济发展速度飞速上升，贫困县纷纷摘帽。截至 2017 年年底，湘西土家族苗族自治州已脱贫共计 122 702 户，涉及 495 650 余人；剩下未脱贫建档立卡户 68 441 户，共计 254 522 人；脱贫工作取得瞩目成效，脱贫奔小康正向更高质量、更可持续迈进。

## 二、调研对象

### 1. 调研地区

我们将整个调研路线设计为吉首市太平镇司马村、花垣县十八洞村、新桥村、金龙村，最终返回吉首市。

吉首市太平镇司马村地处吉首高庙文化区与巫傩文化区交汇地段，占地面积约 3 平方公里，距离吉首市城区仅 17 公里。司马村属于湘西地区典型的少数民族聚集地，全村居民 95% 以上为原住民，皆为土家族人，司马村也是遗留远古西南（官话）普通话残片地域之一。司马村既靠近吉首市城区，又毗邻发掘“高庙遗迹”的河溪镇，并且如今村级公路全部硬化通车，交通便利，因此，司马村是人们休闲旅游观光的一个好去处。

花垣县十八洞村隶属湘西土家族苗族自治州，位于湖南省西部、湘黔渝交界处，处于武陵山脉中段，既有标准的近代建筑群，又有迷人的自然景观，山石奇峻。十八洞村紧临多条高速公路，距离高速出口 5 公里，距离县城 34 公里，距离州府 38 公里。十八洞村地处素有花垣“南大门”之称的排碧乡，距离矮寨大桥仅 8 公里。全村辖 4 个自然寨，6 个村民小组，225 户 939 人，属纯苗族聚居区，苗族风情浓郁，苗族原生态文化保存完好。

新桥村位于花垣县中部，包茂高速、209 国道、319 国道穿镇而过，麻松公路、下沱公路、麻懂排公路与其相接，交通便利。该村以苗族居民为主，苗族人口占总人口的 90% 以上。新桥村隶属麻栗场镇，村内因地制宜，招商引资，合理利用土地资源，种千亩桃林。春季花开竞艳、春意盎然，游客络绎不绝；夏季鲜桃满园，阵阵果香。

金龙村面积6.53平方公里，辖4个自然寨、19个民族小组，全村共149户643人，除少数外地嫁入该村的妇女外，均为纯苗族人口。该村坐落在平均海拔900米的高山上，地势崎岖，被称为“悬崖上的苗寨”；睡佛、飞瀑、孔雀石、凤凰台、牛坡等自然景观形神兼备，野生樱桃树漫山遍野。2013年春，该村发展乡村旅游业以推进扶贫开发，打开了群众脱贫致富的新路子，通过整合民族、旅游、住建、交通、扶贫开发等各级各部门专项帮扶资金，重点打造金龙村民族特色旅游文化区。

2. 调研人群

在本次实践活动中，我们以发现湘西特色风景民俗文化、探求精准扶贫模式对贫困村发展的影响为调研的主要目的，分别前往司马村等贫困村进行考察。在各村委会与支书交谈，听他们讲述本村的历史沿革、发展状况；在各村寨进行走访，以村民尤其是建档立卡户为我们的主要调研人群，与他们对话，了解精准扶贫政策实施以来他们的生活有了哪些具体改善、对下一步生活的展望等。此外，我们还来到湘西土家族苗族自治州扶贫办，对扶贫办主任李卫国进行采访，力求对此地的扶贫工作有全面而详细的认识。

## 三、调研结果分析

1. 贫困原因

（1）自然条件差，生产生活条件落后。

湘西土家族苗族自治州大部分位于中高海拔地区，区位条件差、生产生活条件落后是这里大部分贫困村贫困的根源。这些村地处偏远、崎岖的山区，交通不便，信息闭塞，气候较恶劣，旱涝灾并存，冰雪灾频发，人均耕地偏少，生产生活成本大。

（2）产业结构单一，农民增收难度大。

湘西土家族苗族自治州产业结构单一，农民增收渠道少。中高海拔地区产业发展规模受限，产品品质难以提升，缺少龙头企业支撑，市场对接和抗风险能力低，因而产业发展困难重重，农民增收难度很大。

（3）因病因残致贫人员多，社会保障任务重。

湘西土家族苗族自治州部分村由于长期经济落后，医疗水平低，村里因病因残致贫人员多。

（4）思想观念落后，脱贫能力不足。

贫困村村民拥有专业技能的人员偏少，思想观念偏传统，并且农村青壮年劳动力大量流失，因此村内脱贫致富能力不足。

### 2. 扶贫措施

（1）确保精准扶贫的精准度。为做到真扶贫、扶真贫，湘西土家族苗族自治州政府从三个方面推进精准扶贫到户。

第一，下大力气抓实精准识别，严格建档立卡贫困户的认定程序。在原有的个人申请、小组评议的基础上，增加“村核、乡报、县统、州汇”的程序，层层把关、级级签字、群众认可，认真组织2万名干部在全自治州范围内下基层开展精准识别工作，做到逐户调查、多轮公示、关注反馈、动态管理。

第二，下大力气抓牢动态管理，定期再识别认定。政府组织定期剔除不符合相关标准的村民，对符合标准的贫困户进行复查再吸收，并按照相关规定进行为期两个月的识别认定。

第三，下大力气搞好精准帮扶，摸清致贫原因和发展需求。政府逐村逐组逐户调查，算清基础账、增收账和条件账，掌握贫困村和贫困人口的发展需求，明确帮扶主攻方向，做到“一家一本台账、一个脱贫计划、一套帮扶措施”，切实因村因户因人施策，“精准滴灌”到村到户到人，因地制宜、分类实施“整村推进”。针对基础薄弱村、边远特困村、产业空白村等不同类型，因地制宜，分类指导，一村一策，帮扶到户，确保实现稳定脱贫目标。以“精准”理念为引领，推动和实现扶贫资源由“普惠分配”向“靶向配置”转变，扶贫路径由“大水漫灌”向“精准滴灌”转变，引导扶贫模式转变，提高自给自足式经济发展模式，促进湘西土家族苗族自治州扶贫工作平稳向前推进。

（2）落实“两不愁，三保障”政策。保证贫困户吃穿不愁。落实基本医疗保障政策，贫困户家庭成员均参加城乡居民基本医疗保险，并依规享受其他医疗保障政策。落实义务教育保障，确保适龄未成年人均能接受义务教育，没有因贫辍学的现象；家庭成员享受其他相应教育扶贫政策，比如根据学历情况适当给予资金补助、减免学费等。落实住房安全保障，确保贫困户房屋场地安全、结构安全，满足正常使用要求；进行老旧房屋改造工程，年久失修的、木质的房屋确保改造成砖瓦房，力求贫困人口全部有房住、住好房。每年全自治州用于改善民生的财政支出占 70% 以上，整合 40 亿元以上涉农项目资金、10 亿元以上贷款，有效保障基础设施建设加快向贫困村全面延伸，教育医疗资源加快向薄弱环节重点倾斜，社会保障体系加快向贫困群众全面惠及。2017 年特困户医疗基本实现 100% 报销。

（3）坚持扶贫与扶志、扶智相结合。按照习总书记的要求，坚持群众主体、激发内生动力，充分调动贫困群众的积极性、主动性、创造性，用人民群众的内生动力支撑脱贫攻坚。加大对脱贫典型的宣传，坚持用好群众的身边人、身边事，宣传表彰在国家扶贫政策支持下，自力更生、脱贫致富的群众典型，引导和教育其他群众，让贫困群众实现从“要我脱贫”到“我要脱贫”的转变。

（4）坚持脱贫不脱政策，同时加大对脱贫不脱政策的宣传，消除部分群众心中存在的顾虑。

### 3.精准扶贫成果

（1）贫困人口脱贫数量显著变化。截至 2017 年年底，湘西土家族苗族自治州累计脱贫 122 702 户，共计 495 650 人。目前，全自治州仅剩未脱贫建档立卡贫困户 68 441 户，共计 254 522 人。

（2）贫困村退出机制科学规范，退出数量不断增加。截至 2017 年年底，湘西土家族苗族自治州共有 504 个贫困村已退出。

（3）农村贫困发生率逐年降低。农村贫困发生率由 2013 年的 31.93% 降低到 2017 年的 10.55%。

（4）贫困县摘帽稳步推进。2017 年，省级贫困县吉首市实现脱贫摘帽。余下的泸溪县、凤凰县、古丈县、花垣县、保靖县、永顺县、龙山县共 7 个国家级贫困县计划 2019 年全部实现脱贫摘帽。

（5）农村居民人均可支配收入增速在全湖南省排名第一。2017 年农村居民人均可支配收入达到了 8 273 元，年均增速均在 11% 以上。

## 四、调研结论与启发

### 1. 调研结论

湘西土家族苗族自治州的精准扶贫工作成效显著，已经取得突出成绩。以十八洞村的脱贫模式为例，十八洞村是精准扶贫脱贫在湖南的成功案例和生动实践，在全国可复制、可推广，是村民脱贫致富的范本。早在 2017 年 6 月 23 日，习总书记在山西太原召开的深度贫困地区脱贫攻坚座谈会上，就对十八洞村脱贫和湘西土家族苗族自治州精准脱贫攻坚"十项工程"予以了肯定。

与此同时，湘西土家族苗族自治州的扶贫工作依旧面临巨大的挑战。目前，湖南省深度贫困县共 11 个，其中湘西土家族苗族自治州就占 7 个，占比达到 63.6%。贫困人口主要集中在"腊尔山、吕洞山、永龙界、红土壤"四大贫困片区，在 2019 年全自治州全部脱贫的目标下，湘西土家族苗族自治州内扶贫工作依然有很长的路要走。

### 2. 意见与建议

在现有脱贫政策的基础上，政府和各村委会也应该注重村民的可持续致富，防止脱贫户发生返贫的现象。针对此，我组有以下几点建议：

（1）继续夯实"两不愁，三保障"。在解决好吃穿不愁、饮水安全的基础上，政府切实推进贫困户的安全住房保障、基本教育保障、基本医疗保障政策的落地落实，把提升脱贫质量、巩固脱贫成效放在突出的位置，防止村民返贫。

（2）购买扶贫专用的"特惠保"。通过为群众购买贫困家庭综合保险，作为医疗报销等费用的辅助，进一步减轻群众在一些生活及医疗方面的支出压力，让村民有资金和存款用于致富再开发，坚持落实村民们的社会保障。

（3）持续加大产业发展帮扶力度。抓好产业帮扶和就业帮扶，确保群众增收。发展产业是实现脱贫的根本之策，坚持因地制宜的思想，把培育产业作为推动脱贫攻坚的根本出路，确保绝大多数有发展意愿的贫困户得到产业帮扶。同时进一步着眼于增加就业，建立和完善劳务输出对接机制，建立服务型组织，进一步增加贫困户的就业收入，引导民营企业采取“互联网+”等模式参与到精准扶贫中，让贫困户在股份合作、务工就业中获得利益。

（4）扶贫要与建设美丽乡村的要求相结合。“绿水青山就是金山银山”。在贫困村的发展过程中，不以破坏环境为代价，始终望得见山、看得见水、记得住乡愁。比如打造特色苗寨的金龙村、红色之旅十八洞村就是生动的案例。在脱贫的道路上，不忘建设美丽宜居的乡村，注重人与自然的和谐共生，让绿水青山变成乡村发展的特色品牌。这也正是实现贫困村长期稳定发展，村民可持续致富的根本保障。

3. 启发

此次社会实践活动，我组走进湘西土家族苗族自治州，探索了精准扶贫的政策。在此期间，了解到许多基层干部奉献自身的故事，他们投身于脱贫攻坚战之中，将群众的需求放在自己的心上，急贫困户所急，不断探索带领贫困村脱贫的可持续方法。这一个个鲜活的事例激发了我们内心的奋斗热情。2020年要实现全面建成小康社会，因此2019年注定是一个奋斗之年。此外，“两个一百年”的奋斗目标也是我们需要倾注精力去拼搏的。作为大学生，通过走进“精准脱贫”，我们更加意识到“青年服务国家”的重要性，我们将更加奋发图强，提升自身素养，全面发展，为实现中华民族伟大复兴而奋斗。

［附］赴湖南花垣扶贫实践团成员：房子明（组长）、朱集、赵维鹏、王牧、李本帆、张德斌。

# 因地制宜谋发展，因户制宜求富强

## ——赴宁夏泾源县扶贫调研报告

摘　要：走访边远山区，致力扶贫工作，探访村民生活。自动化实践团队利用暑期时间，深入宁夏泾源，了解扶贫工作开展情况。通过“一访二察三体验”的方式，访扶贫政策落实情况，察本土资源优势在脱贫路上的归集和运用情况，体验乡村生活的变迁，观扶贫是如何因人因地施策、因贫困原因施策、因贫困类型施策。实践中，团队成员详细了解了泾源县政府在探索扶贫攻坚特色道路上的创新做法。

关键字：精准扶贫；脱贫攻坚；因地制宜；发展生产

## 一、调研背景概述

### 1. 调研地区地理位置和自然条件

泾源县隶属宁夏固原市，位于宁夏回族自治区最南端，因泾河发源于此而得名。该县东与甘肃省平凉市崆峒区相连，南与甘肃省华亭县、庄浪县接壤，西与隆德县毗邻，北与原州区、彭阳县交界，素有“秦风咽喉，关陇要地”之称。全县总人口 118 332 人，农业人口 105 980 人，占 89.56%。辖区总面积 1 131 平方公里，占全自治区总面积的 2.18%，其中耕地面积 57.9 万亩，森林覆盖率达 48.5%。泾源县境内六盘山地区被列为国家级自然保护区、国家级森林公园和中国第一个旅游扶贫开发试验区。

2. 调研方向、调研人群介绍

本次调研活动主要是在泾源县城区内及大湾乡杨岭村展开，团队成员通过走访当地扶贫办、探访农家生活开展社会实践调查。对于当地脱贫的工作情况，团队成员主要是通过扶贫办和村政委员会的渠道来收集。实践发现，泾源县本着“因地制宜”和“因户制宜”的精准扶贫原则，大力开展扶贫工作。围绕泾源县如何在以上两个原则上实施精准扶贫工作进行调查，通过上网查询资料、采访扶贫办相关人员、走访百姓等方式了解扶贫进程与状况，基本掌握了当地贫困情况以及脱贫举措和成果，加深了对精准扶贫政策的理解。同时，通过参观文化馆、体育中心等当地代表性单位，对当地文化有了一定的认识。

## 二、调研成果

1. 泾源县贫困原因的分析

泾源县作为我国重点扶贫对象，造成其经济产业发展落后的原因是多方面的，其中涉及自然地理环境、产业发展模式、人文教育等各个方面。团队走访调查后，主要了解到以下几点：

（1）经济发展与地理环境息息相关。泾源县地处六盘山东麓腹地，地势西北高东南低，属低山丘陵区；气候区域属温带半湿润区，为森林草原类型气候，呈现出“春寒、夏凉、秋短、冬长”的特点。地形限制了泾源交通的发展，第三产业落后；气候特点限制了农业种植业的发展，草畜产业成为其第一产业，限制了泾源地区经济的协调发展。

（2）经济发展与教育工作相辅相成。国家重视教育的发展，强调科教兴国、人才强国。由于历史、地域、文化、经济等因素的制约，泾源县教育基础相对薄弱，教育发展相对滞后，特别是高中教育发展水平整体不高，大量适读人员外出务工。人才支持不充足已成为制约和影响泾源基础教育发展的瓶颈。

（3）经济发展与推进就业联系紧密。泾源县第二产业的规模很大程度上影响了劳动力的就业。发展产业、解决劳动力就业问题，已经成为解决泾源县经济发展问题的重中之重。

### 2. 泾源县的扶贫举措

泾源的扶贫政策是因地制宜和因时制宜的，扶贫办也不断落实并创新。在泾源地区实施的扶贫举措主要有以下四点：

（1）创优工作机制，逐级压实责任。当地政府结合实际情况，借助创新月月清工作机制，坚持每月例会、督查、考核、通报，对于问题则以交办单的形式办理，逐个销号，以实现工作任务月月清；通过建立岗位宣传长效机制，瞄准扶贫工作中的薄弱环节，大力推行部门岗位宣传长效机制，组织部、财政局、教体文化广电局等部门每月进行督查，提高群众政策知晓率和满意度；完善驻村帮扶责任机制，让干部成员深入乡村，以身作则，了解情况，不断落实工作。这些干部在驻村期间，与贫困群众同吃、同住、同劳动，以此来提升帮扶成效。

（2）精准识别对象，实行动态管理。当地政府坚持把“精准”作为脱贫攻坚的底线，切实提高目标人群的精准度。考虑到农民生活的艰辛，为了老有所养、幼有所教，对全县未建档立卡户进行全面摸排，并严格按照建档立卡户识别的程序与标准，认真核对情况，以此来提高扶贫云信息系统的完整度与准确率。

（3）坚持因户施策，狠抓脱贫退出。只有下大力度，下苦功夫方能实现脱贫攻坚，故在抓好对已脱贫户巩固提升的基础上，以剩余未脱贫人口为重点，制定“一户一策”，综合利用产业扶贫、技能培训、社会兜底等政策措施，因户因人施策，确保未脱贫户稳定脱贫。在多次实践探索中，通过发展生产脱贫一批、易地搬迁脱贫一批、生态补偿脱贫一批、发展教育脱贫一批的方式，推进脱贫工作稳步进行。通过这四种方式，确保了农民搬得出、稳得住、能致富。

（4）助推产业发展，实现群众增收。脱贫路上总有困难，如何在这条路上坚定不移地走下去，单一的产业结构是无法做到的。因此，结合当地情况，带动旅游产业发展、扩展草畜产业链条、调整苗木产业结构、促进蜜蜂产业规范、提高“离土”产业质量，把特色产业打造成为群众脱贫致富的“顶梁柱”。

### 3. 泾源县的扶贫成效

实践团队通过对扶贫办主任的采访以及收集到的资料了解到，近年来泾源县坚持以脱贫攻坚为总揽，对标“六个精准”，大胆创新工作机制，精心培育优势产业，不断夯实城乡基础，着力改善民生福祉。这一系列工作的开展，让原本贫困的地区迸射活力，脱贫攻坚工作也取得了阶段性成效。

通过发展生产脱贫，已支持 184 户未脱贫户养牛、185 户养殖蜜蜂、368 户种植苗木、292 户发展劳务；通过易地搬迁脱贫，已组织县内劳务移民搬迁 205 户；通过生态补偿脱贫，已消化 292 户未脱贫户，户均收入达到 1.2 万元，并安排 23 户贫困户转为生态护林保洁员……

截至 2017 年年底，全县累计完成 84 个贫困村脱贫销号，减贫 6 682 户 29 431 人，贫困发生率从 2014 年的 26.5% 下降到 3.6%，剩余未脱贫人口 1 158 户 3 905 人。

### 4. 泾源县的扶贫案例

泾源县打造“扶贫车间”，围绕草畜、旅游、苗木、蜜蜂、劳务等特色产业，打造了旅游文化、手工编织、产品加工、种苗花卉、农机制造、新型材料等扶贫车间，吸引来自宁夏全区内外的龙头企业和致富带头人将生产线、加工点延伸到贫困村。此外，泾源县还通过“村级集体经济 + 农户”的模式，将扶贫车间作为集体资产，引导贫困户以土地、资金等形式入股。兴盛乡上黄村扶贫车间采取村级集体经济带动贫困户脱贫的方法，加工山野菜，取得了良好的经济效益。

泾源县采取“助学先行”策略，确立了“聚焦贫困、宏观兜底、微观定制、综合施策、精准发力”的教育扶贫攻坚思路。为了让扶贫车间保持旺盛的“生命力”，拓展扶贫车间的发展空间，泾源县围绕车间生产需求，对当地贫困劳动力开展订单式、定向式技能培训。

## 三、收获与感悟

“坚持大扶贫格局，注重扶贫同扶志、扶智相结合。”脱贫离不开好政策，政府要为群众架好脱贫致富、早日过上好日子的“梯子”，群众依靠国家的扶贫好政策、好项目“爬上梯子”，自力更生、艰苦奋斗，稳扎稳打，从而脱贫致富。实践团深刻感受到脱贫攻坚不是一朝一夕之事，需要集体长期不断地努力。在国家如此重视的情况下，泾源县政府下功夫、花精力，实实在在地落实每一项政策。同时，泾源县政府应出台更多优惠政策，实施精准扶贫政策，调动各行各业扶贫的积极性，并对农业发展予以鼓励和支持，最后要把其他产业带动农业发展作为加快推进精准扶贫工作的支撑。产业带动是精准扶贫不可或缺的重要内容，加大对贫困村的产业带动力度，实现脱贫致富的目标。一方面在发展生产、异地搬迁、生态补偿、发展教育、强化社会保障等方面实现脱贫，另一方面做大做强草畜、苗木、蜜蜂、旅游等产业，在精准政策上出实招，在精准落地上见成效，有力推动精准脱贫方略的实现。

“崇山不掩脱贫志，曲水更送致富经。”通过实地走访，实践团看见了山区农村真实的贫穷现状，也看见了政府落实惠民政策的力度和农村的显著变化，更看见了各级扶贫人员的努力与奉献。2016 年 7 月 18 日，习总书记来到泾源杨岭村，提出：“好日子是通过辛勤劳动得到的。发展产业是实现脱贫的根本之策。要因地制宜，把培育产业作为推动脱贫攻坚的根本出路。”在国家全面建成小康社会的决胜期，相信会有更多的新时代青年投入到脱贫攻坚工作中，以一腔家国情怀，担起民族复兴的大任。

［附］赴宁夏泾源扶贫实践团成员：杨季臻（队长）、王浩亮、李自鸿、徐鸿洲、汪杰。

# 坚决啃下硬骨头，奋力打赢攻坚战

## ——赴安徽金寨县扶贫调研报告

摘　要：如何安置山区人口，如何摘掉贫困县的帽子，如何保证当地百姓持续增收，一直是中西部山区亟待解决的问题。本次实践通过实地调研金寨县县城及所辖农村的扶贫效果，探究金寨县的脱贫方案，切实了解金寨县近些年来在脱贫攻坚战中取得的伟大成就。在党和国家的帮助与关怀下，通过全县人民的共同奋斗，金寨县近年来发展迅速，脱贫效果非常显著。

关键词：新时代；金寨县；脱贫；精准扶贫

## 一、调研地区概述

安徽省金寨县位于皖西边陲、大别山腹地，地处三省七县二区接合部，西、南两面与河南省、湖北省毗邻，209、210省道纵贯南北，临近312国道，梅山水库、响洪甸水库可常年通航。金寨县是安徽省面积最大、人口最多的山区贫困县，也是中国第二大将军县，是著名的革命老区。金寨县总面积3 814平方公里，辖23个乡镇、1个经济开发区、1个现代产业园区、226个行政村，总人口68万。

金寨县是国家级首批重点贫困县，2011年被确定为大别山片区扶贫攻坚重点县，当时贫困人口19.3万人，贫困发生率为33.3%。近年来金寨县扶贫成果相对可观，截至2017年年底，全县有贫困人口4万人，贫困发生率降至6.79%。

## 二、调研工作背景

2016 年 4 月 24 日，习近平总书记到金寨县花石乡大湾村走访调研对乡亲们说："在地方工作时，我一直抓老区建设，同老区很有感情。全面建成小康社会，一个不能少，特别是不能忘了老区。"总书记鼓励具有红色基因的金寨县人民打好脱贫攻坚战，争取早日过上幸福美好的生活。

我们追寻习近平总书记扶贫足迹，抵达安徽金寨，调研当地扶贫工作的情况。通过把县城地区的发展与偏远山区的发展、扶贫前后当地的发展状况进行对比，来了解扶贫工作的成效，同时思考青年大学生在全面建成小康社会的伟大脉搏中的使命与担当。

本次调研主要通过街头群众采访、政府工作人员采访、山区走访、问卷调查等方式对金寨县进行调研，希望能够探究金寨县的发展之路。调研主要采访的单位有安徽省金寨县扶贫开发办公室和金寨县花石乡大湾村村支部。调研人群主要分为两类：第一类是主要生活在县城，享受已经日趋完善的公共基础建设的人群，以第二产业的工人和第三产业服务业从业者为主，其生活方式趋于城市化，并且已经摘掉了贫困的帽子；第二类是仍然生活在较为贫困的山区里的群众，他们生活在非县城区域，尚未脱贫或是刚刚脱贫。

## 三、调研地区贫困原因及扶贫政策

### 1. 找准症结把准脉

根据当地实际情况，我们分析当地贫困的原因有以下几点：

（1）基础设施建设相对落后。山区乡镇，山高林密、地势险峻，村民居住分散，交通不便。该县贫困人口大多分布在偏远山区、水库库区和地质灾害多发区，基础建设相对落后。

（2）群众受教育程度相对较低。一些地方由于受经济条件的制约，农民受教育程度比较低，思想观念较为保守，就业致富能力薄弱。

（3）主观脱贫意识有待加强。有部分群众有安于现状、靠天吃饭、靠政府帮扶的想法。

（4）群众收入来源渠道狭窄。播种适宜当地生长的经济作物仍然是大多数贫困户的主要生产模式，但是相关农作物市场化程度较低、销售渠道较窄、加工业落后等，致使种养业难以形成规模。

### 2. 开对药方拔“穷根”

（1）解放思想，统一共识。金寨县不忘习总书记在考察中的殷切嘱托，与县情、乡情实际现状相结合，着力改变“等靠要”思想。脱贫致富终究要靠老区人民告别“意识贫困”，摆脱“思路贫困”，通过自己的观念转型、知识提升、辛勤劳动来实现。通过组织领导干部到外地参观学习等方式，强化干部的实干精神、创新意识等，对全县的脱贫工作做出了系统谋划和整体部署，党员干部立下愚公移山志，咬定目标、苦干实干，坚决打赢脱贫攻坚战。同时确立了“生态是立县之本、工业是强县之基、招商是兴县之路、旅游是富县之源、民生是发展之要”的发展战略，统一思想，凝心聚力，谋求发展。

（2）坚持绿色发展。金寨县在发展过程中着力做好绿色发展文章，树立和践行习近平总书记“绿水青山就是金山银山”的理念，坚持绿色发展方向，着力守护青山绿水、留住蓝天白云，努力推动经济建设与生态建设协调发展。当地政府通过大力开发旅游资源发展绿色经济，通过大力发展新能源产业推广绿色能源，努力将金寨县打造成为安徽新型能源基地和全国新型能源强县。

（3）协同推进工业发展与城镇建设。以发展工业产业化推动金寨县新型小城镇建设，利用好当地人力、资源优势，形成机械加工、新型建材、电子及新材料、农特产品加工、新能源、现代服务业六大支柱产业。同时，坚持用工业化的理念发展农业，培育扶持新型农业经营主体与家庭农场，引进中国供销农批、谢裕大等一批知名龙头企业。鼓励发展民营经济，按照“区域集中、用地集约、产业集聚”的要求，实行工业项目向贫困区集中移动，以工致富。

（4）产业扶贫和智力扶贫相结合。不断深化对扶贫开发工作的认识，设计多项脱贫措施“菜单”，让贫困户结合实际自行选择，使脱贫措施与贫困户的需求有效对接，确保扶持措施对症下药；落实“四级四帮”责任制，实行县领导帮扶到乡镇、县直单位帮扶到村、乡镇帮扶到户、党员干部帮扶到人，确保每一个重点贫困村都有单位联系，每一个贫困户都有一名帮扶责任人；县财政建立特困救助基金，及时解决特困群众的基本生活。围绕重点特色产业，大力培育和扶持合作社、家庭农场、产业化龙头企业等新型农业经营主体，提高农民组织化程度。探索村级与涉农企业、专业合作社与贫困农户利益连接机制，注入扶贫资金，结合产业扶贫，尝试贫困户“入股分红”，努力拔掉“穷根子”，摘掉“穷帽子”。

（5）引入市场机制。通过市场经济导向，激活市场主体，创新小额担保贷款体系，大力发展民营经济。着力转变政府职能，严格明晰职能划分，突出服务功能，努力营造良好的发展环境。推进对外招标引资，坚持招大引强，着力把市场的决定性作用与政府的引导性作用有机地结合起来。

## 四、调研地区扶贫成效

在习近平新时代中国特色社会主义思想指导下，金寨县结合自身情况、找准症结，对症下药，脱贫攻坚战取得了丰硕的成果。

### 1. 异地搬迁促脱贫

对于身处大山深处，人口稀少的村落，实行易地搬迁政策。通过实施搬迁政策配以科学严谨的方法确认了 2 000 多户 7 000 多人作为易地搬迁扶贫对象。村落集中的，采取集中供养和建设公共周转房的方式，保障其住房安全。进行危房改造，对建档立卡贫困户、五保户、低保户、贫困残疾人家庭房屋拆除重建户给予补助，对维修加固户给予补助。目前完成改造任务并验收 2 000 多户，已按标准打卡到户补助资金近 4 000 万元，已安排危房改造资金 6 000 多万元。

### 2. 创新金融促脱贫

通过出台各项扶持小额贷款的方案、帮扶干部宣传发动、简化审批程序、光伏入股项目结合、贷款进度通报等措施发放扶贫小额贷款总额2亿多元，通过金融脱贫可使贫困户年均增收5 000元以上，为扶持贫困户发展产业、就业项目提供了有效助力，加快了脱贫步伐。

### 3. 产业支撑促脱贫

要脱贫也要致富，产业扶贫至关重要，产业要适应发展需要，因地制宜、创新完善。产业脱贫方面：当地政府通过项目支持、资金扶持、技术服务等途径，大力支持乡村、贫困户立足自身资源，通过新型经营主体带动、大户＋贫困户产业合作和贫困户自我发展的经营模式，推动产业发展，实现贫困户增收。目前达到省标准特色产业村40个、“一村一品”村8个。培育和引导龙头企业、有实力的合作社等经营主体通过劳务就业、入股经营、产品合作等方式，与贫困户签订帮扶协议，带动贫困户增收。采用“村级文化乐园＋龙头企业＋扶贫车间”模式建设村级就业扶贫驿站，已建成并投入使用11个重点驿站，开发岗位2 415个，实现就业1 968人，其中贫困劳动者就业1 380人。

### 4. 光伏产业促脱贫

位于大别山区的金寨县白塔畈镇是个采光好、日照足的好地方，这也为光伏产业园在这里落地生根提供了强有力的环境支持。当地通过公开招标建设的37.33兆瓦联户式光伏电站在全县9个乡镇11个村安装，村级集体光伏电站扩容工程同步实施，将村电站扩容至100千瓦，实现贫困村村级集体收入10万元以上。采取发电收入以贫困户入股方式参与收益分红。同时，经过一段时间的摸索，当地初步形成了“分户式、联户式、村集体式、大规模联户式”四种光伏扶贫模式，走出了一条“产权跟着股份走、收益随着贫困走”的可持续产业精准脱贫之路。

### 5. 医疗服务促脱贫

设立健康脱贫医疗专项补助资金和“180”专项资金，并为所有贫困人口全额代缴参保费用，实现贫困人口医疗兜底政策的全覆盖。开通了贫困户患者就医绿色通道，实行了家庭医生签约服务，开展履约随访服务近10万人次。实施了大病专项救治政策，已经救助贫困人口15万人次。推动实施公共卫生项目，全县已建立电子居民健康档案5万份，规范管理高血压患者8万人，规范管理糖尿病患者1.5万人。

### 6. 教育扶智促脱贫

从学前教育到义务教育阶段对所有学生提供资助，完成拨付资金3 400万元。免费为全县义务阶段学生提供5万多套教科书。对4 000多名贫困寄宿学生建档立卡，给予生活补助。大力推进大学生生源地助学贷款，做到应贷尽贷，已为7 000多名大学生办理共5 000多万元助学贷款，其中建档立卡贫困家庭大学生共近2 000人。

### 7. 红色旅游促脱贫

将旅游富县作为五大发展战略之一，把旅游扶贫列入十大脱贫举措，积极发展红色旅游。近年来，完成政府性投入近15亿元，全面加大红色景区景点建设。以实施“红色旅游+”行动计划为抓手，把开展革命传统教育与促进旅游产业发展相结合，推进红色旅游与生态农业、乡村旅游、体育健身、休闲养生等产业深度融合，提升和拓展红色旅游的附加值。

## 五、收获与感悟

“打好扶贫攻坚战，要采取稳定脱贫措施，建立长效扶贫机制，把扶贫工作锲而不舍抓下去。”习近平对金寨老区的乡亲们说。金寨县通过不断完善激励机制，把多项脱贫措施相结合作为山区群众脱贫致富的基础保障。全县人民以愚公移山的精神踏实苦干，再接再厉，全县一条心、拧成一股绳，在脱贫的征程中留下一座又一座里程碑。金寨县通过科学系统的整体规划，把脱贫后的农村引向特色乡村的发展道路，壮大村级集体经济，打造葆有中华文化风韵、传承红色基因、体现地域风情、符合时代发展要求、具有特色产业支撑的新型田园山林综合体或新型农村集体经济体。金寨县脱贫致富的前景一片美好，相信随着 2020 年全面建成小康社会时间节点的到来，金寨县定能摘去贫困县的帽子，那里的人们定能过上幸福美好的生活，与全国人民一道迈入全面小康社会。

［附］赴安徽金寨扶贫实践团成员：裴君楠（组长）、林绵端、廖天睿、孔一博、于博洋、袁朋宇、齐凯发、王统铭、杨旭东、杨海舟。

# 岢岚是个好地方，脱贫致富奔小康

## ——赴山西岢岚县扶贫调研报告

摘　要：为深入了解岢岚县扶贫工作开展情况，调研小组围绕“绿水青山就是金山银山——岢岚县脱贫工作实践”的主题，赴山西省岢岚县开展调研。通过走访，对制约岢岚县发展的原因进行总结，全面了解当地实施的脱贫政策及开展的相关工作，重点对扶贫工作的效果进行调研。

关键词：岢岚县；脱贫政策；易地搬迁；光伏扶贫；电商扶贫

## 一、调研地区概述

### 1. 贫困县基本情况

岢岚县是山西省忻州市辖县，位于忻州市西南部，南与吕梁市为邻，地处晋西北黄土高原中部。面积 1 984 平方公里，现辖 2 镇 16 乡，人口 7.5 万，县政府驻城关镇。岢岚县地势东南高，西北低，东部山地以岢岚山主峰荷叶坪为最高，海拔 2 783 米，山上森林茂密，植被良好。西南部为烧炭山，山上牧草繁茂。西与西北部为黄土丘陵区，水土流失严重。中部沿岚漪河两岸形成带状平川区。全县山地为 1 140 平方公里，丘陵为 799 平方公里，平原为 45 平方公里。

### 2. 调研方向、人群

经过前期准备与文献资料调查，实践团队将重点放在岢岚县的总体扶贫政策以及岢岚县扶贫工作中的特色项目。通过走访企业及村落，了解贫困人口生活状况的改善与提升，感受岢岚县在脱贫攻坚战中做出的努力和取得的成效。调研期间采访了岢岚县主管扶贫副县长、扶贫办负责人、赵家洼村主任等，走访了习近平总书记曾走访过的农家，通过收集资料与实地采访全面了解当地扶贫工作开展情况。

## 二、调研成果

### 1. 贫困原因

岢岚县辖区面积为 1 984 平方公里，但耕地面积仅为 78 万亩。当地降水较少，土地不够优质，受地理位置及自然环境限制，农业发展水平较低。就山西省总体而言，矿产资源丰富，但岢岚县矿产资源较少，在工业产业方面相对单一，同时缺少优势龙头企业。

### 2. 扶贫政策

岢岚县主要的扶贫途径为“五个一批”，即发展生产脱贫一批、易地搬迁脱贫一批、生态补偿脱贫一批、发展教育脱贫一批、社会保障兜底一批。

易地搬迁脱贫是岢岚县扶贫工作的突出特色之一。通过走访调研发现，宋家沟村、赵家洼村等多个村落已经成功通过易地搬迁实现脱贫，村民收入增加和生活水平改善等方面效果显著。特别是宋家沟村在易地搬迁工作中，通过事先对村落结构的精心布局和细致设计，充分利用丰富的旅游资源，将本村打造成了一个新的旅游景点。通过生活环境的改变和旅游产业的发展，宋家沟村的村民生活水平有了显著的提高。

同时，电商服务也是岢岚县扶贫工作的一大特色。岢岚县充分利用目前高速发展的互联网技术，将当地产出的柏籽羊、红芸豆、沙棘等产品规模化、商业化。在主打柏籽羊羊肉和红芸豆的同时，生产出一系列例如柏籽羊毛绒玩具、时光豆豆（红芸豆）、岢岚沙棘果汁饮料、胡麻油等特色产品，在打造岢岚特色的电商品牌方面取得了一定的成效。

此外，岢岚县还实施了多项举措并举的扶贫政策。全县实施大面积退耕还林还草，大力推进生态保护。在保护生态环境的同时，发现并拓展旅游资源，借助旅游业增加就业岗位，实现居民增收。

3. 扶贫成效

从全县扶贫总体效果来看，2013—2017 年，全县累计投入各类扶贫资金 7.07 亿元，实施扶贫项目 444 个。除 115 个整体搬迁村外，全县 141 个行政村实现通村公路硬化全覆盖，硬化率达 100%；131 个村实现自来水供水，自来水入户普及率达 60%，水质达标率达到 100%；126 个行政村通动力电，通动力电比率 89.36%；有文化活动室 92 个，覆盖率 80.7%，有村文体广场 141 个，覆盖率为 100%；141 个行政村都有村级标准卫生室，并都配齐了村医。截至 2017 年年底，全县 116 个贫困村退出 65 个，整村搬迁、贫困村销号 20 个，脱贫 6 014 户 14 550 人，贫困发生率由原来的 30.9% 下降到 8.08%。农民人均可支配收入由 2013 年的 4 541 元提高到 2017 年的 6 476 元。

从具体产业发展来看，岢岚县立足“羊、豆”等特色资源优势，绿色农业种植和养殖产业发展效果突出。种植产业方面，建设红芸豆出口基地 10 万亩、科技示范园区 5 050 亩，种植优势小杂粮 10 万亩、渗水地膜谷子 3 万亩，推广中药材 6 800 亩、设施及露地蔬菜 981 亩，粮食总产量 1.4 亿斤，红芸豆出口 5 492.5 吨，创汇 654.5 万美元。养殖产业方面，建设晋岚绒山羊改良点、扩繁场 13 个，新建养殖棚圈 5 000 平方米、青储窖 5 000 立方米。晋岚生物科技公司 30 万只肉羊屠宰加工项目、新大象公司 2 个育肥猪场主体工程全部完工。全县羊饲养量 65 万只，畜牧业总产值 4 亿元。

岢岚县的扶贫工作走在了山西省前列，2016 年脱贫攻坚综合考核全省第二。同时，岢岚县在扶贫实践中形成了具有当地特色的工作经验，资金整合工作和“4433”工作法（对象识别四步骤、精准管理四清单、帮扶措施三到户、脱贫成效三验收）在全省得到了推广。

## 三、结论与建议

岢岚县的扶贫政策全面成熟、承接国家政策的同时又不乏创新，相关工作人员积极热情、认真负责，因而扶贫攻坚工作取得了显著的成效。

调研中也发现岢岚县的扶贫工作仍然面临一些困难，比如部分产业的可持续发展处于探索阶段、个别村民生产脱贫积极性不高等问题仍需要进行精准化地深入解决。我们认为，岢岚县应该在坚持已有脱贫政策的基础上，关注点逐渐由面至点，加深细化帮扶政策。

近年来，岢岚县带动当地人民主动脱贫，通过岢岚人民自己的双手，撑起了岢岚县走向富裕的一片天。脱贫不能等靠要，自力更生才能奔小康，在脱贫攻坚工作中，岢岚县政府与人民一道摸索出了具有一定当地特色的扶贫工作经验，我们也看到了岢岚县持续发力、再创新高的希望。

通过调研，实践团成员接受了切身的教育，对政策落实、社会发展等有了全面深入的了解。这对我们当代青年成长成才具有重要的教育意义。我们要努力学习，全面掌握专业技术知识。我们要增长见识，将理论知识与工作实践相结合，知行合一，切实担负起青年人的职责与使命，为实现“两个一百年”奉献智慧与力量。

［附］赴山西岢岚扶贫实践团成员：温皓渊（组长）、穆红波、邓高峰、张泽仁、朱超、白展韬。

# 走产业扶贫路，建幸福新农村

## ——赴河北张北县扶贫调研报告

**摘　要：**为了切身感受全面建成小康社会的伟大脉搏，实际了解“精准扶贫”，社会实践小组追寻习近平总书记扶贫足迹，于暑期前往国家级贫困县河北省张北县，对当地自然环境和社会发展状况进行调查。分析致贫原因，调研当地扶贫政策及实施效果；同时探寻扶贫过程中存在的问题，并结合实际情况，提出优化张北县精准扶贫的合理建议和对策。

**关键词：**精准扶贫；张北县；农业产业；光伏产业

## 一、调研地区概述

### 1. 地理位置和自然条件

张北县是河北省张家口市下辖的一个县，因在张家口市的北部而得名，是重点关注的省贫困县。该县位于河北省西北部、内蒙古高原的南缘，处于华北内地连接内蒙古的咽喉地段，被称为坝上第一县。张北县地广人稀，境域东西长 109 公里，南北长 67 公里，全县总面积 4 185 平方公里；现辖 18 个乡镇、366 个行政村、1 167 个自然村，总人口 37.2 万人，其中农业人口 29.5 万人；居民以汉族为主，占总人口的 98%。

张北县大致分为东南坝头区、西部丘陵区、中部平原区三个类型区，地形地势复杂多变，属于大陆性季风气候，四季分明，昼夜温差大，年平均气温仅为3.2摄氏度，降水量仅300毫米，低于河北省平均水平。张北县光照充足，是河北省日照条件最好的县之一，年平均日照时数2 897.8小时。县年平均7级以上大风日数30天左右，境内常年平均风速6米/秒，属优质风能资源区域，现已被列为国家百万级风能建设基地。

2. 贫困现状及成因

张北县是国家扶贫开发工作重点县，全省十个深度贫困县之一。截至2017年，全县建档立卡贫困村132个，贫困户21 368户、33 372人。本次调研重点考察了张北县小二台镇的德胜村，全村共有413户，其中建档立卡贫困户212户，目前还有贫困户8户。

张北县主要致贫原因如下：一是自然因素。张北县气温低，降水少，农业发展困难。地形复杂，部分地区为山区，很难发展大规模的农业产业，无法实现机械化生产，农产品产值低。二是交通因素。张北县地形复杂多变，拥有高原、丘陵、平原多种地形，部分行政村仍没有有效的交通条件。交通条件较差，在一定程度上影响了张北县经济发展。三是人口结构。张北县人口老龄化加重，乡村劳动力不足，常住户数、乡村劳动力人数及从业人员大幅下降，大量的乡村劳动力资源选择外出务工，村中大部分为老人、儿童，劳动力资源缺乏，影响了一个家庭获取收入的机会和能力。大部分的乡村从业人员以初中学历为主，人口受教育程度较低。

3. 调研方法

（1）文献调查法：通过搜集精准扶贫及张北县相关文献资料，获取基本信息，大体了解张北县自然条件、人文历史及贫困现状等。

（2）实地观察法：有计划地深入张北县各贫困村，进村入户了解村民生活状态，直接感知村容村貌。

（3）访问调查法：通过口头交谈的方式，直接向县乡扶贫干部及相关工作人员了解张北县及各村的扶贫措施及成效。

（4）集体访谈法：与村干部、驻村扶贫队员、村民开展多次座谈，真切了解实际村情及扶贫政策落实情况。

## 二、扶贫政策及成效

张北县实施精准扶贫政策，通过不断的探索和实践，通过基础设施建设、金融扶贫、产业扶贫、教育培训等方式，拉动全县经济增长。从县财政扶贫专项资金投资来看，基础设施建设和产业扶贫项目支出比例高达 80% ～ 90%，产业扶贫目前主要以农业产业扶贫和光伏产业扶贫为主。

### 1. 农业产业扶贫

张北县积极发展种植产业，打造马铃薯全产业链扶贫，建立了企业、贫困户、基地平台为一体的合作体系，打造繁育、生产、仓储、加工为一体的全产业链扶贫，让贫困户在马铃薯生产的各个环节都能受益。

以德胜村为例，2017 年以来，依托大农种业公司和河北农大试验站，投资约 1 524 万元，建起了总占地规模 300 多亩的德胜马铃薯微型薯育种园区，新建育种大棚 280 个，每个占地 0.6 亩；完成园区内砂石路、配套灌溉及水电设施配套和停车场、观展室、组培室等设施，其中，大棚及相关配套设施属于村集体所有，村委会委托合作社统一管理，村民承包自主经营，所得租金用于租赁土地以及对无能力经营大棚的贫困户的补偿。如果按照每个大棚销售收入 4.5 万元计算，除去微型薯生产所需组培苗、雇工、肥料等成本费用 2 万元，预计每个大棚年纯利润可达 2.5 万元。如今，德胜村的马铃薯产业已成为村民致富奔小康最重要的载体。

### 2. 光伏产业扶贫

张北县积极引进光伏项目，打造光伏小镇。从探索扶贫新路子、增加村集体创收角度出发，采取政府启动，企业投资模式，即“企业全额捐建”和“企业捐助 + 扶贫资金配套”两种村级电站建设模式，实施集中式光伏扶贫电站和村级分布式光伏扶贫电站项目建设。在建设光伏扶贫电站上，创新建设模式和技术方向，通过异地联建、逐村报建、分表计量、统一送出、整体运维等方式，成功破解了电网改造难、项目选址难、运营维护难这三大光伏产业扶贫难题。同时，在电站建设模式、融资模式、新产品新技术应用、土地利用与综合效益四个方面，进行创新示范，达到了缩减投资成本、增加发电效益和扶贫收益的效果。

张北县已并网地面集中式光伏扶贫电站 4 座、村级分布式光伏扶贫电站 174 座，光伏扶贫电站总规模达到 26.5 万千瓦，年电费收益超过 9 000 万元，实现了光伏扶贫贫困人口全覆盖。目前，光伏扶贫收益已覆盖 3 625 户重病重残及无劳动能力的深度贫困户，每户每年补贴金额不低于 3 000 元；为有劳动能力的贫困人口提供垃圾清运、治安违建巡防等公益性岗位，每人每年工资 1 000 至 3 000 元。2017 年，张北县实际发放光伏扶贫收益 526.67 万元，全面覆盖 366 个行政村的 22 186 户贫困户。

以德胜村为例，村级扶贫电站由亿利资源集团投资建设，采取了“政府政策性支持，企业商业化投资，农民市场化参与”的合作机制，总投资 400 万元，建总装机容量 500 千瓦光伏电站，现已成功并网发电，年总收益 80 万元，人均可增收 3 000 元。同时，邀请河北农大、省农业风控联合会专家开展光伏 + 农业技术指导，全力打造光伏 + 现代农业协同创新示范园，稳定增加贫困户的综合收入，全村人均纯收入达到 6 200 元。

## 三、存在问题及建议

本次调研发现，张北县精准脱贫的成效十分显著，但在扶贫过程中仍存在一些问题和困难。对此，小组成员结合实际情况，提出发展建议。

### 1. 贫困村空心化，贫困人口老龄化

建议政府借力光伏产业，对贫困户优先提供电站日常清洗维护等公益性岗位，电站剩余收益为符合条件的非贫困户增加公益性岗位和发展村集体公共事业；同时，引导贫困户开农家院、卖农产品、入股分红、就近打工，实现增收；进一步开发系列扶贫项目，加大基础设施建设，提供技术性要求低的岗位。

针对老龄化问题，全面做好住房安全保障，积极创建新型养老社区。针对子女长期外出身边无人照料的农村60周岁以上“空巢”老人，可以在乡镇政府所在地，打造幸福互助养老社区，实现“老有所养”。

### 2. 自我发展能力弱，依靠自身脱贫难

贫困户大多受教育程度低，其中小学文化程度以下的占83.8%，因缺技能、缺资金致贫的有4 489人，占13.5%。教育上应继续全面落实国家“两免一补”“三免一助”“营养改善计划”等教育惠民政策，继续为贫困学生全部免除学杂费，免费提供教科书，并为经济困难寄宿生补助生活费。同时对贫困户的基本资料、转移就业意向、技能特长、培训需求等相关信息进行了采集，针对贫困户提供扶贫政策、业务和建档立卡户实用技术培训，让扶贫政策真正落到实处；推动校企合作，加强对贫困家庭子女的技能培训，实行订单培养，优先招录建档立卡户子女。

### 3. 因病致贫人口比重大，刚性支出高

贫困人口中，因病致贫情况比较严重。在落实好基本医疗、大病医保、民政救助“三条保障线”的基础上，为全县建档立卡未脱贫人口投保，让贫困患者在“三级报销”基础上，自付部分再报销，解决贫困户医疗刚性支出大的问题。同时，可以针对没有人照看、行动不便的老人，为每家每户签约家庭医生，定期检查基本身体指标，做好重大疾病预防和及时发现工作。

## 四、调研结论与展望

本次调研发现，张北县切实推进扶贫的精准性、时效性、长期性，形成产业扶贫、光伏扶贫、旅游扶贫、教育扶贫、易地搬迁扶贫，以及组织扶贫、企业扶贫、交通扶贫、科技扶贫、文化扶贫、电商扶贫、卫生扶贫等多种扶贫渠道，精准扶贫效果显著。

通过本次追寻习近平总书记扶贫足迹的社会实践，小组成员走出校园，

走进社会，增强了对社会和国情的了解，提升了自身服务基层的意识与能力；深刻领会了全面建成小康社会的重大决策部署，全面了解了党和国家的精准扶贫政策，切实感受到了习近平总书记胸蕴家国、心系人民的家国情怀和实干精神；同时看到了精准扶贫成效及当地人民为扶贫做出的共同努力。作为新时代的青年，我们应踏踏实实学知识、长本领，结合自身所学与优势，积极参与实践，投身到国家建设中。相信在党和人民的共同努力下，中国的乡村生活一定会越来越充实、幸福、美好。

［附］赴河北张北扶贫实践团成员：王雨欣（组长）、冯源、易容雪、胡靖如、何雨晴、孙福泽、邓高峰。

# 脱贫攻坚在花垣，奋力谱写中国梦
## ——赴湖南花垣县十八洞村扶贫调研报告

**摘　要：**十八洞村是国家级贫困村，是“精准扶贫”思想的发源地。在贯彻落实习近平总书记精准扶贫战略思想、深入推进精准扶贫实践进程中，十八洞村全村实现脱贫摘帽，精准扶贫实践成效显著。通过深入十八洞村进行体验观察，调研了十八洞村精准扶贫的主要做法和成效，学习了十八洞村精准扶贫的成功经验。十八洞村在推进精准扶贫、精准脱贫过程中，探索形成了一套行之有效的工作方法和一系列可复制性、可借鉴性的经验范式，为全国精准扶贫提供了鲜活的十八洞样本。

**关键字：**精准扶贫；十八洞村；实践

## 一、十八洞村精准扶贫的背景

### 1. 精准扶贫战略思想

2013 年 11 月 3 日，习近平总书记到湖南省湘西自治州视察，在花垣县十八洞村与群众座谈时，首次做出了“实事求是，因地制宜，分类指导，精准扶贫”的重要指示，为全国各地脱贫发展提供了方向指引和根本遵循。十八洞村作为“精准扶贫”思想的发源地，肩负着探索“可复制、可推广”精准扶贫模式与经验的历史使命。在贯彻落实习近平总书记精准扶贫战略思想、深入推进精准扶贫实践进程中，十八洞村取得了巨大成效，村容村貌、思想观念、产业建设、民生事业等各个方面都发生了翻天覆地的历史性变化，群众幸福指数和获得感有了空前提升，十八洞村探索形成了一套行之有效的工作方法，积累了具有价值的典型经验。这些方法、经验和模式在广大贫困地区特别是集中连片深度贫困地区具有很强的可复制性、可借鉴性。

### 2. 十八洞村基本概况

湘西自治州属全国 14 个连片特困地区之一的武陵山片区，是湖南省扶贫攻坚主战场，除吉首市外，境内 7 县均属深度贫困地区，其中花垣县双龙镇十八洞村是习近平总书记精准扶贫重要战略思想的首倡地。花垣县隶属于湖南省湘西自治州，位于湖南省西部武陵山脉中段，湘黔渝交界处，人称“一脚踏三省”“湘楚西南门户”。花垣县下辖 3 乡 9 镇，总人口 31.27 万人，总面积 1 109.35 平方公里。花垣锰矿探明储量居湖南省之最、中国第二；铅锌矿探明储量居湖南省第二、中国第三，有“东方锰都”“有色金属之乡”的美誉。花垣是革命老区、国家扶贫开发工作重点县。2017 年，全县实现生产总值 680 667 万元，同比增长 10.4%；按常住人口计算，人均生产总值 22 494 元，同比增长 11.0%；完成固定资产投资 332 072 万元，同比增长 23.8%；实现社会消费品零售总额 163 711.7 万元，同比增长 11.0%；实现财政总收入 121 502 万元，同比增长 53.47%；城镇居民人均可支配收入达到 22 586 元，农村居民人均可支配收入达到 7 859 元，分别同比增长 9.7% 和 11.4%。

十八洞村位于花垣县双龙镇西南部，距矮寨大桥 8 公里，距县城 34 公里，2005 年 7 月区划地名调整，由原来的竹子、飞虫两个村合并而成，因村内有 18 个天然溶洞而得名，是国家级深度贫困村，也是一个典型的苗族聚居贫困村。习近平总书记深入此地考察时做出了“实事求是、因地制宜、分类指导、精准扶贫”的重要指示。十八洞村积极践行党和国家的精准扶贫政策，扶贫成效显著。至 2017 年，全村人均纯收入 10 180 元，136 户 533 名贫困人口全部实现脱贫，贫困发生率下降至 1.17%，村集体经济收入 53.68 万元。

### 3. 实践调研方法

实践小组采用理论与实践相结合的工作方法，在前期大量查阅文献的基础上，深入十八洞村进行探索实践，开展社会调研。本小组深入连片特殊贫困地区的最基层和精准扶贫工作的第一线，采访县乡扶贫干部及相关部门负责人，与村干部及驻村扶贫队员进行多次座谈，并进村入户与老百姓面对面详细了解情况，追随习近平总书记的扶贫调研足迹，感受十八大以来精准扶贫的生动实践和基层翻天覆地的变化。与此同时，在深入调研的基础上，小组以大学生扶贫实践为视角，以调研地十八洞村为例，认真总结精准扶贫的成果成效及存在的困难挑战，共同探讨如何进一步深入推进精准扶贫工作并提出参考性意见与建议。

## 二、十八洞村精准扶贫的主要实践与成效

### 1. 十八洞村贫困原因分析

我们在调研中发现，造成十八洞村长期处于贫困状态的主要原因有以下四个方面。一是地理条件限制。该村深处大山之中，距县城有 34 公里，交通不便。二是生产资料缺少。该村人多地少，生存条件较差。四年前该村共 214 户，989 人，耕地面积只有 817 亩，人均耕地只有 0.83 亩。三是基础设施不完善。2013 年该村道路、水利、电力、通信等基础设施条件落后，有些基础设施建设甚至处于空白状态，村内到处道路泥泞，大部分房屋年久失修。四是村民文化程度相对较低。村民受教育程度普遍偏低，绝大多数村民为初中以下学历，年龄稍大的群体中仍有多数未受教育。

### 2. 十八洞村扶贫政策简述

（1）精准识贫，不落一人。推进精准扶贫，首先要解决好“要扶谁”的问题。2014 年 1 月，花垣县委驻十八洞村精准扶贫工作队和村支两委认真入户调查并结合实际制订了《十八洞村精准扶贫贫困户识别工作做法》，制定“十八洞村贫困农户识别 9 个不评”的标准；按照“户主申请→投票识别→三级会审→公告公示→乡镇审核→县级审批→入户登记”七道程序，把识别的

权力交给广大群众，及时张榜公布结果，对识别工作实行全程民主评议与监督，确保识别的公开、公平、公正，共准确识别出贫困户136户533人，占全村总人口的56.8%；通过识贫、校贫、定贫“三部曲”，把真正的贫困户、贫困人口全部找出来。同时，针对不同致贫原因分类帮扶。驻村工作队员和县扶贫开发办、县苗汉子合作社干部职工37人与136户精准扶贫户实行结对帮扶，每人联系3～5户贫困户，引导贫困户建立产业，定期深入贫困户家庭解决实际困难和问题。

（2）扶贫扶“根”，思想先行。十八洞村曾经是典型的贫困村，群众的思想观念非常滞后，存在严重的“等、靠、要”依赖思想。该村坚持“扶贫先扶志、治贫先治根、提振精气神”，把村民思想教育摆在首位。工作队和村支两委组织召开群众代表大会，把党的惠民政策讲深讲透，并提炼了“投入有限、民力无穷、自力更生、建设家园”的十八洞精神，鼓励群众充分依靠自身力量脱贫致富。积极探索“村民思想道德星级化管理”模式，每年组织召开一次全体村民道德评比大会，18岁以上的村民全员参与，以组为单位互相评分。评分内容包括遵纪守法、勤劳致富等6个方面，每户按家庭成员计平均分，90分以上为五星级家庭，80～90分为四星级家庭，以此类推。坚持自治、法治、德治相结合，开设道德讲堂，开展歌咏、舞蹈、小品、苗鼓等丰富多彩的文化活动，树立身边榜样，统一群众思想，改写过去“村合心不合”的历史，鼓励贫困户走出贫困，激励群众自力更生、建设家园。

（3）建强组织，筑牢堡垒。“火车跑得快，全靠车头带。”十八洞村从建强村支两委入手，打牢带领群众脱贫致富的“火车头”。2014年1月，花垣县委抽调5名党员组成了十八洞精准扶贫工作队，同时选派第一书记驻村，工作队长和第一支书的党组织关系下转到村党支部，全力支持两委班子开展工作。在村委换届选举中推行“两述两评”制度，把讲政治、有文化、“双带”能力强、群众信任的能人选进班子，筑牢了基层党组织的战斗堡垒，群众对村支两委的满意率由以往的68%上升到现在的98%。2016年，该村组织被授予“全国先进基层党组织”称号。

（4）规划引领，精准发力。十八洞村致力于“最美乡村”建设，大力推行乡村振兴战略，因地制宜、实事求是地制定了《十八洞村精准扶贫规划》，科学谋划、扎实推进村寨建设、产业建设和民族文化旅游建设。突出完善基础设施，严格按照习近平总书记提出的“可复制、可推广”要求进行基础设施建设，不进行大拆大建，结合十八洞实际，确立了“人与自然和谐相处、建设与原生态协调统一、建筑与民族特色完善结合”的建设总原则，打造“中国最美农村”，实现“天更蓝、山更绿、水更清、村更古、心更齐、情更浓”，为十八洞的发展选准了方向。脚踏实地，认真实施“三通”“五改”和公共服务设施建设，改善村民生活环境。

### 3. 十八洞村精准扶贫主要成效

经过近五年来的精准脱贫攻坚实践，十八洞村脱贫发展取得了巨大成效。2017 年，全村人均纯收入由 2013 年的 1 668 元增加到 10 180 元，136 户 533 名贫困人口全部实现脱贫，贫困发生率由 2013 年的 56.76% 下降到 1.17%；村集体经济收入 53.68 万元，基础设施和公共服务不断完善，全村实现了稳定脱贫，并且先后荣获“全国先进基层党组织”“全国少数民族特色村寨”“全国乡村旅游示范村”“全国文明村”“全省脱贫攻坚示范村”等殊荣。

（1）精准扶贫，扶村容村貌。通过大力推进道路、饮水、电网改造，民居改造，景观旅游设施及公共服务设施建设取得极大成效，原来十八洞村交通闭塞、村舍简陋、环境不佳的状况彻底改变，村容村貌换上了“新颜”，美丽宜居村庄建设粗具规模。拓宽村道 4.8 公里，全村 225 户房前屋后铺上了青石板，完成 3 千米水渠建设，农网改造全面完成，家家通上了自来水，户户用上了放心电。此外，还建设了村级游客服务中心、村级民族文化展示中心、停车场、观景台和千米游步道。升级改造了村小学和卫生室，建立了村级电商服务站、村级金融服务站，无线网络覆盖了全村，村居面貌焕然一新，实现了“鸟儿回来了，鱼儿回来了，虫儿回来了，打工的人儿回来了，外面的人来了”。突出民族文化建设，积极举办“苗族赶秋”、苗歌赛、苗鼓表演等活动，鼓励苗绣、苗族巴代、苗医药发展，大力挖掘和发扬民族文化资源，村民讲苗语、穿苗服、唱苗歌的越来越多，既展现出更加自信的民族文化，也使原生态的民族文化得到传承和发扬。

（2）精准扶贫，扶思想观念。以前群众“等、靠、要”思想突出，工作队及村支两委班子通过挨家挨户做思想工作，创新推行“群众思想道德星级化管理”模式，对群众实行潜移默化的思想教育，鼓励贫困户走出贫困，激励群众自力更生、建设家园。现在群众脱贫致富的信心大，愿望强，劲头足。

（3）精准扶贫，扶经济形式。几年来，村委认真领会总书记“把种什么、养什么、从哪里增收想明白”的重要指示，制定了长期、中期、短期产业发展规划，在探索中逐步发展形成了以种植、养殖、苗绣、劳务、乡村游、山泉水 6 大产业为主的脱贫产业发展格局，致富产业逐步成型。

（4）精准扶贫，扶幸福指数。通过精准扶贫的有效推进，群众的生活都好了起来，生产生活条件全面改善，不愁吃、不愁穿，人均收入翻几番，实现“一超过、两不愁、三保障”。特别是通过举办苗寨相亲会，全村 10 多个大龄青年顺利“脱单”，如今十八洞村村民们的幸福感有了很大提升。

## 三、十八洞村精准扶贫的主要经验与启示

十八洞村脱贫攻坚取得的成效十分显著，已经实现全村所有贫困人口全部脱贫，提前实现了整村脱贫。该村在推进精准扶贫、精准脱贫的过程中，探索形成了一套行之有效的工作做法，积累了具有价值的典型经验，这些做法、经验和模式在广大贫困地区，特别是集中连片深度贫困地区，具有很强的可复制性、可借鉴性。另外，十八洞村在脱贫的过程中存在的一些问题和困难下一步仍需要继续深度施力。

### 1. 推进脱贫攻坚整村均衡性

十八洞村有 4 个自然寨，通过精准扶贫，每个自然寨面貌都发生了巨大变化，但是自然寨与自然寨之间也还存在发展快慢不完全一致的问题。比如，有些自然寨有许多农家乐，房屋亮丽，地上全部都是石板路，游客络绎不绝。而有的自然寨房屋质量和群众居住水平相对较差。因此，建议在下一步工作中，努力推进各个自然寨实现更高水平的均衡发展。

### 2. 打牢教育脱贫群众基础

一些村民对教育的重视程度不高，仍然存在“早打工，早赚钱”的观念；一些村民对职业教育也还缺乏认同，认为职业教育含金量和可信度比较低。提升村民对教育的认识和重视，仍需继续加强。

### 3. 提升村民思想认知水平

通过推行“村民思想道德星级化管理”，村民们的道德水准、自力更生意识等方面都有了明显提升。但是，仍存在少数村民思想觉悟不够高的现象，极少数村民将脱贫攻坚看作上面的任务，个人主义明显，对待脱贫工作以自我为中心，缺乏集体意识。因此，扶贫、扶志、扶智、扶思想将是一个长期的、持续的、不能松懈的过程。

## 结语

此次湘西之行，是大学生理论学习与实践体验的有机结合，是大学生勇于深入农村基层，不怕苦、不怕累，以实际行动助力精准扶贫和国家建设的深切体现。我们重走习总书记扶贫路，我们行走在国家扶贫攻坚的第一线，我们在社会实践中受教育、长才干、做贡献。在此，感谢湘西州政府、十八洞村村委对我们的大力支持，感谢村民的支持和热情参与，感谢北京理工大学自动化学院策划组织本次实践活动！扶贫攻坚，我们一直在路上。

［附］赴花垣县十八洞村扶贫实践团成员：欧阳青云（组长）、江彦楠、王冠明、张江文、周煜涵。

# 金融扶贫新思路，原州致富展宏图

## ——赴宁夏固原原州区精准扶贫调研报告

摘　要：为深入了解精准扶贫实施效果，践行“青年服务国家”精神，2018年自动化学院社会实践团赴宁夏固原原州区开展调研。重点走访了彭堡镇姚磨村，对当地自然环境和社会经济情况进行了调查，分析了造成当地贫困的原因，并调研了扶贫政策及实施效果。通过实践，了解了扶贫工作的政策保障，看到了各级工作人员对扶贫工作的负责态度，以及当地人民对改变自身经济条件的极大信心。最后，结合调研情况和当地实际特点，给出扶贫工作建议。

关键词：精准扶贫；原州区；因地制宜；发展生产

## 一、调研地区概述

### 1. 地理位置和自然环境

原州区隶属于宁夏回族自治区固原市，是固原市委、市政府所在地，总面积3 520平方公里，辖3个街道、7个镇、4个乡，2017年年末常住总人口42.62万人。原州区地处宁南黄土高原丘陵中部和六盘山山地东北部，境内山多川少。南部、西部为六盘山山地，东部为黄土丘陵，中部、北部为清水河河谷平原。清水河由南向北流经区境。气候属内陆暖温带半干旱区，年平均降水量在300～550毫米，年均气温6℃。矿产资源有煤、石灰岩、石英砂等，药用植物、粮食作物等物产资源较为丰富。宝中铁路、银平公路贯穿南北，西兰公路横穿东西。名胜古迹 10 余处，其中须弥山石窟为国家重点文物保护单位。

本次调研以固原市原州区为主要区域，重点走访了彭堡镇。彭堡镇位于固原市西北方向，镇域总面积 197 平方公里，共有 94 个自然村、6 072 户、28 885 人。总耕地面积为 16.2 万亩，其中历年退耕还林 27 173 亩。多年生牧草留床面积 20 630 亩，现有可耕地 11.4 万亩，其中水浇地 15 000 亩，人均耕地 3.8 亩。

### 2. 调研部门、人群、方向

调研部门：固原市原州区扶贫开发办公室和姚磨村村公所。

调研人群：原州区扶贫开发办公室工作人员、姚磨村村公所工作人员及当地居民。

调研方向：了解当地贫困原因和发展现状、政府制定的扶贫政策及采取的工作措施，以及近几年来取得的扶贫成效。

## 二、调研成果

### 1. 贫困原因

（1）当地自然环境较为恶劣。从气候类型看，宁夏深居西北内陆高原，属典型的大陆性半湿润半干旱气候，具有冬寒长、夏暑短、雨雪稀少、气候干燥、风大沙多等特点。固原地区降水量较低，降水主要集中在夏季，部分干旱山区的年平均降水仅为 400 毫米。当地整体缺水，不仅地表水量小，且水质含盐量高，这些状况造成了居民用水困难。这种干旱少雨、急剧缺水的自然环境严重制约了当地经济的发展。

从地貌类型看，宁夏地形中丘陵占 38%，平原占 26.8%，山地占 15.8%，台地占 17.6%，沙漠占 1.8%，南部以流水侵蚀的黄土地貌为主，中部和北部以干旱剥蚀、风蚀地貌为主。固原地区分布有山地、丘陵等，复杂的地貌造成种植业发展较缓，且复杂地形造成交通不便，制约着当地经济的发展。

（2）当地居民受教育水平偏低。据了解，当地农民受教育程度普遍偏低，农村劳动力观念普遍陈旧，就业致富能力差。同时，部分群众精神动力相对不足，有依赖国家和政府的扶持、救助的想法。

（3）劳动力大量外流。原州区由于整体经济水平较低，相应的工作机会也较少。因此，大量优质劳动力远离家乡，到大城市谋求更好的发展机会，当地留守人口中老年人和儿童占到较高比例。

### 2. 扶贫政策

（1）因地制宜发展产业。原州区政府充分发挥因地制宜的策略，结合当地的特点，大力发展农业生产。原州区日照时间长、光照充足、昼夜温差较大，这些为种植蔬菜提供了良好的条件。原州区建立了大规模的蔬菜种植基地，大力发展农产品种植业和畜牧业，带动农民致富。

彭堡镇根据原州区确定的“依市带区、科技兴区、产业富区、工业强区、城乡统筹、协调发展”二十四字方针，利用彭堡镇近郊土地资源优势，大力发展畜牧业和蔬菜产业，增加农民收入。

（2）积极发展农村电商。当地按照国家提出的“互联网＋农业”思路，积极发展农村电商。彭堡镇结合当地蔬菜产业和果林产业发展现状，建设“物联网＋农业”项目。将传统销售和网络销售相结合，探索线上线下销售方式，以解决农产品滞销问题。

（3）鼓励创业脱贫。大力支持个人创业，对于创业型人员给予资金和技术方面的支持，为其自主创业、脱贫致富提供良好的平台环境。

（4）高度重视人才培养。原州区从制约经济发展的内在原因入手，高度重视教育的发展。一方面提升教育支持力度，鼓励学生进入更好的大学进行深造，将来建设家乡。另一方面，对于未能上大学的青年，鼓励他们参加技能培训班，通过掌握专业技能提升青年的就业能力和致富能力。

### 3. 扶贫成果

在此次社会实践中，我们了解到原州区高度重视经济建设，始终坚持把脱贫攻坚作为首要任务和重大责任，坚持精准扶贫、精准脱贫。经过努力，截至调研前，贫困发生率下降到了 10.2%。

（1）特色产业不断发展壮大。原州区充分利用当地土地资源，积极培育乡村旅游、观光农业、农村电商等新业态，开展农民种养殖合作社。截至2018 年，原州区建成了 27 个设施农业园区和 3 个万亩、10 个千亩示范基地，育苗设施逐步工厂化、智能化，带动全区种植蔬菜 15 万亩。彭堡镇养畜业发展势头迅猛，种植的蔬菜通过全程冷链，可发往全国各地，蔬菜销路得到了扩展，群众增收效果非常明显，较之以往大幅提高。

（2）村集体经济发展势头良好。当地对村集体经济进行了大力扶持，村集体经济从无到有，村均收入达到 6 万多元。把贫困户吸纳在“扶贫车间”里，紧盯市场需求，强化技能培训，年转移就业 7 万人以上，开展家政服务、月嫂、机械工等培训，帮助贫困群众在第二、第三产业上增收致富。

（3）基础设施建设不断加强。当地还加强基础设施建设，进一步改善群众的生活条件，实施了自来水入户、改造危房、道路硬化等工程。调研中看到，全镇建成了文化服务中心、标准化卫生室，行政村都通上了光纤宽带。通过基础设施的建设，当地群众直接感受到了扶贫效果，增强了对扶贫工作的认同感和参与感，营造了攻坚克难脱贫的良好社会氛围。

（4）扶贫工作特色日益凸显，扶贫模式初步形成。原州区在扶贫工作中充分利用政府、企业、金融机构等资源。在政府部门和企业配合下，保证每户移民家庭至少有 1 人稳定就业。设立担保和风险补偿基金，引导金融机构扩大信贷投放总量，降低信贷门槛，贫困户获贷率达 80%。深入推进马尾原州协作、铁路总公司对口帮扶及各类社会帮扶合作，落实好“1+6”（国家部委、闽宁协作、部门单位、企业商会、慈善组织、军警部队）社会扶贫体系和帮扶机制。实施“两个带头人”（农村党组织带头人和致富带头人）工程，培育致富带头人 1 000 余名，带动贫困群众脱贫致富。

调研发现，在脱贫攻坚的经济建设过程中，原州区逐步形成了自己的扶贫模式。一是北蔡川模式：通过构建“银行 + 政府 + 农户”三位一体的合作模式，探索“产业扶持 + 金融扶贫”工作新思路，通过“政府搭台 + 产业引领 + 能人带动 + 金融帮扶”的运作模式，依托“三户联保”小额贷款业务，全力支持当地主导产业发展，取得了良好的经济社会效益。二是南张易模式：探索建立“降门槛、延周期、给机会、保信用、聚合力”金融扶贫模式，与固原农商行签订了合作协议。针对贫困群众生产资金困难、贷款缺抵押、缺担保等问题，提供便捷服务，让群众从信贷、服务、减费让利等多方面分享改革红利。

## 三、结论与建议

### 1. 调研结论

贫困之冰，非一日之寒；破冰之功，非一春之暖。通过此次调研，我们深切地体会到，做好扶贫开发工作，必须要拿出踏石留印、抓铁有痕的劲头，发扬钉钉子精神，锲而不舍、驰而不息地抓下去。正是当地政府和人民坚持不懈的努力，才取得了目前可喜的扶贫成效。

原州区精准扶贫工作取得的巨大进步，一方面是由于国家的政策能惠及到每一个贫困地区的角落，深入到教育、医疗、经济等各个方面；另一方面是由于当地各级扶贫工作人员有着高度认真负责的工作态度和作风，他们始终坚持着“为人民服务”的理念，深刻贯彻落实党的方针政策。正所谓“致富不致富，关键看干部”，通过调研采访发现，基层干部在宣讲扶贫政策、整合扶贫资源、分配扶贫资金、推动扶贫项目落实等方面具有关键作用。

### 2. 工作建议

我们了解到原州区的蔬菜基地规模大，农产品产量较高且品质好，目前借助农村电商已取得了较好收益。但在进一步扩大发展中，目前还有运输能力不足等问题。为此，除直接外销，建议尝试发展生态旅游农业。通过种植高观赏性作物、多方面宣传等手段，吸引游客到当地观光旅游，采摘购买产品。一方面可以直接在产地销售产品，降低运输资源占用；另一方面可以促进当地第三产业的发展，为当地的餐饮、住宿等服务行业提供大量的发展机会，进而促进当地经济发展。

对于当地水资源短缺的问题，除了外地引水的解决方案，还可以尝试应用喷灌滴灌技术，结合当地实际情况引进最新的节水灌溉技术，解决种植业需水量大、外引水难度高等问题，缓解当地的水资源压力。

通过本次赴固原市原州区的精准扶贫调研，作为当代大学生的我们对国家政策有了切身体会，对习总书记提出的“广大青年既是中国梦的追梦者，也是圆梦人”有了更为深切的感受。无论是原州区体系化的扶贫政策，还是当地基层干部和人民群众的昂扬干劲，都鼓励着我们当代青年要有所为，要将所学专业及个人能力转化为为中华民族伟大复兴而奋斗的实际行动。

［附］赴宁夏市固原区扶贫实践团成员：许守春（组长）、张佳、余崇楷、曾恩、袁立达。

# 第二章

# 扶贫之感悟

# 赴湖南花垣扶贫实践团个人感悟

赵维鹏

什么是贫穷？大概就是在几重大山深处的村庄，总是安静地、平静地躺在山窝窝里，仰面朝天——听不见山外的呼喊，也说不出自己的辛酸。

作为一个北方人，这是我第一次走进群山深处。车辆行驶在通往贫困村的土路上，我只想起一句歌词：“这里的山路十八弯。”尤其是前往司马村的道路，仅仅是用水泥板在土路上简单铺盖而成，宽度不足 3 米，仅可供一辆车行驶。一侧是峭壁，一侧是山崖，我们就在这样的道路上前行。向远望去，这黄色的土路仿佛麻绳缠绕在一个又一个山头，引向大山深处。还没有正式开展实践调查，我就对贫困产生了新的认识。

老话讲：“要想富，先修路。”在此之前，我并不能理解这句话的含义，都说“酒香不怕巷子深”，如果村民勤奋努力，踏实肯干，必定也是可以富裕的。但是走在这条狭窄的路上，我才明白这句话的深刻内涵。这是村民与外界联系的唯一纽带，却也时常因为雨雪发生山体滑坡。村里人出不去，外面的人进不来也不想进，即使酒香馥郁，却困藏在地窖深坛中不得发散。这样的村子在小农经济向工业化信息化转变的道路上只能被淘汰，这样的村子注定走向贫穷。所以想要村子脱贫、村民致富，必须要修路、修好路，让村子能与外界进行及时有效的沟通，这样才能使贫困村在社会发展的道路上跟上脚步，同时让村民走出去，政策资金流进来，实现村庄繁荣富强。

我们在几个村子中随机到村民家采访。谈及孩子，相较于外界的各类补习班，家长的望子成龙、望女成凤，这里的村民却表现得很“淡定”。“孩子外出工作了”“孩子高中毕业”，其中学历最高的孩子也只上了某高职高专。这样的对话，让我不禁思考起对贫困的另一认识。

百年大计，教育为本。在思想上实现脱贫，必须解决孩子的教育问题。因客观条件所限，村里的孩子只能到几个村合办的或者镇上的小学上学，山路崎岖、教育设施差，制约了孩子接受更好的教育。同时，村民对孩子的教育问题也并没有表现出极大的关心。以完成九年义务教育、毕业走出山区打工为目标，家长并没有完全意识到教育的重要性。作为扶贫工作中不可缺少的一环，思想脱贫也是重中之重。而发展教育、解决贫困村孩子的上学问题，对带领村民实现思想脱贫也具有十分重要的作用。我希望通过精准扶贫政策，能够解决孩子的教育问题，让凤毛麟角的高学历群体更大、更充实，村民思想脱贫，积极致富，防止思想落后，经济返贫。

当然，一路的实践让我不仅看到了之前贫困的辛酸，也看到了现在脱贫致富的欣欣向荣。我们在十八洞村体会到了农家生活，在新桥村采摘了新鲜的桃子，也欣赏到了金龙寨的秀美景色。我们看到，很多村子已经走出贫困、走向富裕。当我们见到十八洞村的邮局和自助提款机时，当我们见到新桥村销往全国的桃子时，当我们见到金龙寨各地的游客时，我看到了精准扶贫工作的重要成果。

扶贫政策、精准扶贫理念，我们之前只能从新闻报道中略知一二，并未亲身参与，也就无法感知扶贫工作究竟有多么重要。通过这次实践活动，我们采访扶贫办主任、各村支部书记，走访各户村民，亲眼见到了扶贫工作给人民带来的改变。从家徒四壁的木屋到新砖亮瓦的洋房，建档立卡户在与我们的交谈中常露出情不自禁的笑意。面对习总书记“绝不让一个人掉队”的承诺，各级工作人员辛勤工作、困难群众自立自强，取得脱贫攻坚战的胜利指日可待。

体验助观察，实践出真知。为期四天的扶贫实践让我们真正走近困难群众，了解扶贫工作。从为了完成暑期实践任务的功利心态到自觉参与了解扶贫政策、前往扶贫工作第一线，我真正看见了扶贫的意义和价值。身为大学生的我们，应该担起时代新人的历史重任，了解群众，走进群众，为了群众谋幸福，为了国家谋未来，为祖国的建设添砖加瓦。民富而国强，相信随着脱贫攻坚战的胜利，我们的祖国也会在实现中华民族伟大复兴的道路上快步迈进。

# 赴湖南花垣扶贫实践团个人感悟

朱　集

崇山峻岭之中，有一片土地叫湘西，这里，自然风光优美，人们热情好客，但也有难以诉说的困难——贫穷。

本次社会实践我们在与扶贫办联系后，先后在司马村、十八洞村、新桥村、金龙村进行了调研，看到了基层人民的生活，了解了村庄贫困的情况以及村民们努力发展村庄的信念。

经调查，我们得知湘西地区的贫困主要是自然环境恶劣、劳动力大量外流以及交通条件限制三个因素造成的。湘西山多且陡峭，可耕种的土地面积少，农业发展非常受限；又因为恶劣天气常有，农作物收获少，故外出务工比种植农作物更吸引人，这就造成了劳动力流失；同时山区交通不便，使这里与外界的通信、商贸受到限制，贫困因此而来。

身残志坚用在司马村村支书身上一点也不为过。司马村坐落在吉首市郊区，村支书年轻时当过兵，在一次活动中摔了腿，落下了残疾。但是支书并没有气馁，而是充满希望地坚持锻炼，并适应了新生活，他继续参加劳动，把几岁大的孩子拉扯大。自开展扶贫工作以来，支书始终将福利更大的建档立卡户指标让给村民，工作进行了几年，村民的生活有所改善，但是支书还在坚持艰苦奋斗。从支书身上，我们看到了坚持不懈、身残志坚的优秀品质。

同时，司马村驻村扶贫队队长与整个村落融为一体的精神也深深地感动了我们。原本在吉首市担任教师的队长接到任务后带领扶贫队来到司马村，为村民们策划发展路线，带领村民为脱贫致富而努力。除了扶贫拨款，队长还用自己的家产为村庄做贡献：请施工队修路，犒劳施工工人，为村民添置新家具……队长为了花更多的时间为村民解决困难，甚至长时间住在了村里，与村民一起生活。

十八洞村的村民用行动演绎着努力脱贫致富。当年习近平总书记走访的那个尚未完全通电通水的贫困小村庄，现在完全变了一个模样：一进村就可看见墙上贴着二维码，扫码就可连上全村覆盖的 WiFi 后进入十八洞村公众号，里面有论坛专栏、新闻专栏，还有村民生活专栏，村庄生活体现了线上线下有机结合的特色。村口的风雨桥下，穿着苗族服饰的村民摆上了小摊卖茶叶蛋、蒿子粑粑、自制米酒等特色小吃，人来人往，生意兴隆。沿着翻新的石板路往里走，我们还发现了吊脚楼式的邮局，热情的工作人员告诉我们买明信片还可免费邮寄。村民的院子都敞开大门，各式各样的淳朴农家乐让大家忍不住驻足观看。

新桥村则用另一种方式努力脱贫——网络销售。新桥村除了种植闻名全国的无毛猕猴桃，还新开发了苹果桃的电商销售，全村承包桃园。夏季，在村民的悉心种植下，桃园结满了大大小小的苹果桃，这时村民们便请来了最迅速的顺丰快递，快递公司的车停在桃园外，村民们在桃园中先选择长得好的桃子放入篮中，再集中包装，打包后马上送上快递车，由后台管理人员按照订单顺序寄出去，争取让客户在第一时间收到沉甸甸的可口桃子。这种创新的方法，正好迎合了网络时代的潮流，不仅能够很好地为广大村民提供售卖农作物的渠道，更宣传了当地的特色文化，一举两得。

这次实地走访，我们看到了湘西农村真实的贫穷现状，也看到了政府落实惠民政策的力度和农村的显著变化，更看到了各级扶贫人员的努力与奉献，他们在扶贫路上的坚持执着深深地感动了我们。他们这种锲而不舍的精神将激励我们更加努力地学习，以更好地回报社会、报效国家。湘西这块热土“人穷志不穷”，我们坚信经过不懈地努力，各贫困村终会走向富裕。

# 赴湖南花垣扶贫实践团个人感悟

王 牧

很多事情，道听途说远远不够，亲身实践才会真正了解。

这次湖南省花垣县的扶贫调研经历给我留下了深刻的印象。这里，虽然经济不发达，但是人们的淳朴善良体现在方方面面：过马路时的车让人、接待外地人时的热情大方、排队时的礼貌谦让……在走访贫困村村民以及支书的途中，我们虽舟车劳顿疲惫不堪，但是当见到支书以及村民们后，受到他们的热情款待，旅途的所有艰辛都烟消云散。在采访领导的过程中，我们紧张忐忑、小心翼翼地问问题，生怕哪里说错，但是在领导放开怀和我们聊、热情地解答我们的问题之后，我们也渐渐放松下来。

这里的每一天对于我来说都是全新的体验。我们走访的贫困县、村，各有各的特色，我们也遇到了许许多多意料之外的情况，这些都是我在城市上学时无法体会到的。

司马村是一个非常特殊的村落，坐落在花垣县的大山深处，车辆沿着盘山小路驶进便要耗费不下半小时，路途十分颠簸。除此之外，那里的自然环境也比较恶劣，农作物不好存活，所以很难通过寻常的农业脱贫致富。我们走访了一些村民，也询问了当地支书一些基本状况，和我以为的不同，他们没有因为困难而表现出绝望，反而表现出只要有一丝希望就会继续努力奋斗的冲劲。

我们收集了最近十八洞村的基本状况，并与之前相比较，其中的差距可以说是一个天上、一个地下。正因为此，许多单位走进十八洞村调研学习，我们看到不少公司、单位的人员在十八洞村进行党建、团建等活动。

新桥村和金龙村相对来说也在脱贫路上走得很好。新桥村主要通过苹果桃产业致富，还借助电商渠道进行销售，因此销量大增，人们的生活水平得到显著提高。原本很难卖出的优质苹果桃，在电商渠道进行推广后很快得到消费者的喜爱。金龙村的人们开辟了另一条脱贫致富之路——大力发展旅游业等第三产业，获得了巨大的成功，人们的生活水平也因此得到显著提高。同时金龙村的人们也大力开发金龙村的历史故事，使其历史文化底蕴丰富了起来，那里流传着很多有趣的传说。我听说每年都有不下于十万的旅客来金龙村观光旅游，并体验农家乐。这些村落因地制宜的脱贫方式令我感受到实践过程中深入调查的重要性。

第四天给我的感觉就没有前几天那么轻松了，虽说少了路途的颠簸，但想到要采访湖南湘西自治州州扶贫办主任，我感到很大的压力。采访前一晚，我们将准备的问题练习了一遍又一遍，生怕措辞不当。但是当我们真正到了扶贫办才发现，主任为人随和，和他谈话就有如唠家常，寥寥几句话便能展现他浩瀚的思想境界，像湘西之河水缓缓流淌，使人如沐春风，三日不思肉味……

这些天，我见识到了扶贫效果显著的十八洞村、建在悬崖峭壁上的金龙村、自力更生发展产业的新桥村，也被很多给村民办实事的好支书、好干部所感动。我想，与其说这是一次暑期社会实践，不如说是人生中的一场与贫困的深度交流。我看到脱贫致富，湘西州在路上；我也相信繁荣富强，中国在路上！

作为一个“双一流”高校的大学生，我相信我们未来的出路一定会很宽广，我们要努力拼搏，为社会做出一份贡献。力争依靠自己的力量减少哪怕是一个贫困户，多让一个孩子读到书，多给贫困家庭提供一个就业岗位，我们都应该努力进取，好好学习，成人成才。发自内心地说，作为一个非贫困县走出来的大学生，我虽然没有体会过那些寒门书生的艰辛，但通过这次暑期调研活动，我深深理解了他们的痛苦，那种渴望知识却又读不到书、生了大病又无力医治的痛苦。从花垣离开以后，我们踏上了回北京的旅程，我默默下决心：一定要通过自己的努力让更多的贫困人口脱贫，让他们不再生活在水深火热之中！我也坚信，通过我们每一个人的努力，不仅可以给自己带来更好的生活，更可以推动整个社会的进步！

# 赴湖南花垣扶贫实践团个人感悟

李本帆

我很幸运能够加入到湖南花垣县扶贫调研实践团队中，并与实践队员一起进行了为期四天的调研。

2018年7月25日早上6点，我们一行人抵达花垣县，在酒店短暂休息之后便前往位于湖南省花垣县内的司马村。两天的火车旅程让我有些疲惫，但是当听说要去司马村时，我顿时打起了精神。坐上村联系人的车，我们便立即前往司马村。进村的山路给我留下了特别深的印象，用崎岖、陡峭来形容都不算过分，但是再弯曲复杂的路如今也已经全部是水泥路了。经过半个小时左右的车程，我们顺利到达司马村。村支部书记很热情地接待了我们，并向我们介绍了司马村的情况。我注意到村里将近百分之八十的房屋都已经是水泥石棉瓦建造的，不再是传统的木屋，有些村民家的房子还建成了漂亮的小阁楼，可以看出精准扶贫政策落实以来村民们的生活的的确确发生了很大的变化。书记告诉我们，仅仅去年一年全村脱贫摘帽的居民就多达两百多户，目前全村基本实现脱贫。我们到达时，已经是中午时刻，村里基本没有人待在家里，许多人家的劳动力都已经外出打工或是正在田间工作，在家里待着的基本都是老人，我想这大概就是中国现阶段农村人员的基本生活状态。通过和老人们聊家常，我感触极深，经过这几年的发展，村子的面貌焕然一新，建档立卡户的生活也得到了改善，村民们的日子正在一天天地变好。

实践的第二天，我们来到了十八洞村。在去往十八洞村之前我满怀期待，很想去看看习总书记考察过的村子，去了解它的面貌究竟发生了怎样的变化。来到十八洞村后，村里的景象给我留下了很深的印象：别致宽敞的房屋，干净整洁的道路，各式各样的小吃零售店和农家乐，十八洞村的旅游产业发展已经十分迅速，精准扶贫带来的变化有目共睹。特色的苗家木质房屋配上淡淡的雾气不仅没有显得落后，反而给人一种胜似人间仙境的感觉。农家乐给村民家里带来了十分可观的收入，使得家里条件越来越好。政府不仅为各种水果种植提供补贴，还成立了合作社，村民再也不用为自己的种植发愁。十八洞村立足长远，开发“留得住”“可持续”“红利来”的支柱产业：发展民族文化乡村旅游，引进企业投资，打造4A景区；发展十八洞山泉水产业，每生产一瓶水再拿出一分钱注入到村扶贫基金中实现共享发展，互利共赢；发展特色种植业猕猴桃基地，帮助村民实现人均收入增收。从十八洞村的成功经验中，我深深意识到精准扶贫、拔掉穷根，关键是贫困人口要找到致富途径，而各级各部门的工作人员以及我们大学生可以将十八洞村的成功经验引入到自己的家乡以及自己工作的地方，因地制宜地实施精准扶贫政策，帮助更多的村庄、更多的人脱贫。

我们到新桥村的苹果桃种植基地时刚巧遇到工人们采摘装箱，有机会自己体验了采摘苹果桃。据销售商说，目前基本上所有种植苹果桃的农户都已经参加了合作社，种植规模正在慢慢扩大，农户种植的苹果桃口感脆甜，销售渠道也很多，在销售过程中得到了很多的好评，给村民带来了很可观的收入。不仅如此，政府还会对种植苹果桃的村民进行补助，大大减轻了村民的负担。

离开种植基地，我们来到了平均海拔900多米的金龙村。陡峭的悬崖虽然让进出村子变得困难，但是也形成了美丽的悬崖风光。村民在悬崖边修起了栈道，吸引了一批又一批的游客，给当地的经济发展提供了很大的帮助。

经过为期三天的实践调研，最触动我的是精准扶贫政策落实以来，湖南省花垣县的贫困村纷纷摘帽，各个村子都很好利用了本村的资源优势来促进经济发展。在经济增长的过程中，贫困村又始终不忘发展本村的特色文化，做到了文化经济都不落。我看到了驻村工作队和所有村干部们辛勤工作的身影，感受到了他们不摘帽不放弃的信心和决心。其实脱贫、扶贫、抗贫不仅仅是驻村工作人员的责任，更是我们全社会的责任。即将步入社会，参加工作的我们应该保持一颗热情、善良的心，积极为人民大众服务，在实现中国梦的道路上贡献自己的力量。扶贫，我们在路上。

# 赴湖南花垣扶贫实践团个人感悟

欧阳青云

通过这次扶贫社会实践，我真切地感受到湖南花垣十八洞村在当地党委和政府的关心支持下，在各级帮扶干部的辛勤努力下，通过村民们自身的艰苦奋斗，的的确确发生了翻天覆地的变化。

刚到十八洞村，我就看到许多崭新的房屋，道路宽敞干净，感觉不像一个落后的贫困村，而像一个悠闲的小山村。十八洞村产业的发展欣欣向荣，山泉水一瓶瓶地生产，猕猴桃一兜兜地挂果，苗绣一件件地往外卖，农家乐也一家家地红火起来了……村民们走上了整洁的石板路，接通了清洁的自来水。五年的时间就发生如此巨大的变化，令人惊讶。

在这次实践活动中，我最深的感受就是，开展精准扶贫，一定要敢于立足实际进行创新，一定要敢于跳出老思维、旧框框来想问题、推工作。这一点在十八洞村通过异地流转土地、采取“飞地经济”模式发展猕猴桃产业上得到了充分的体现。十八洞村自身土地资源十分缺乏，怎么发展产业呢？当时扶贫队的同志在一次和老百姓的聊天中，听到了老百姓这样议论：“咱们十八洞没有土地，要是像道二就好了，道二的土地多，人都出去打工了，没有人管理。”扶贫队的同志听了以后突然来了灵感：道二的土地这么多，咱们能不能把他们的土地流转起来发展我们十八洞的产业呢？后来扶贫队把这个想法向县委、县政府领导报告，然后再给省扶贫办的领导报告，得到了领导的一致肯定，于是他们就决定，到道二流转 1 000 亩的土地，和苗汉子公司合作，联合组成了十八洞村苗汉子果业有限责任公司，公司采用股份制的模式，把每个贫困户头上的产业帮扶资金入股到这个公司里面去。这种创新模式确保了贫困户、非贫困户和村集体等多方都能共同受益。2017 年，十八洞猕猴桃第一次挂果，平均每个贫困人口通过猕猴桃增收了 1 000 元，2018 年的产量更加高了，预计平均可以增收 2 000 元左右。这个鲜活的工作实例，充分说明了在推进脱贫攻坚过程中解放思想、创新思维的重要性。

同时，当地干部为了落实扶贫工作，排除万难，想了很多有效的办法。比如上面提到的种植猕猴桃。其实十八洞村村民以前也种植过猕猴桃，但是亏了本，因此村民们一开始反对种植猕猴桃。干部们为了说服村民，带领村民代表到外面参加猕猴桃展览会，看到其他村种植猕猴桃赚了钱，村民们才同意种植猕猴桃。

这次实践让我感受到，幸福都是奋斗出来的，没有无缘无故的成功，也没有无缘无故的失败，只有真抓实干，才会成功。作为大学生的我们，更应努力奋斗，在过程中感受希望。

# 赴安徽金寨扶贫实践团个人感悟

杨海舟

在这热情似火的七月，我们的实践团队前往金寨县，开展了丰富充实的社会实践。在社会实践期间，我看到了金寨县近年来发生的翻天覆地的变化，产生了诸多感触。

在城市，大家齐心协力，干好自己的本职工作，同时积极进行创新创业，拉动经济增长，给经济发展注入新动力；在农村，村民们大力投入到生产活动中，用勤劳的汗水打理着每一寸土地，保证每一年的收成。政府工作人员也深入基层，对脱贫工作进行悉心的指导，扶贫干部深入每家每户，对不同的情况进行精确的帮扶，做到了"不脱贫，不撤离"。正是在大家团结一致的辛勤努力之下，金寨县经济取得了显著的增长，人民生活水平得到了巨大提高，许多企业如同雨后春笋一般在金寨县内出现。这些企业的创办，更是拉动了地方经济，提供了更多的就业岗位，能够让更多的人参与到劳动中，提高自己的生活质量。与此同时，金寨县的医疗、交通、教育等方面均取得了长足的进步：与上海市大型医院合作，建立了高水平的医疗卫生机构；同时拓宽了公路，并修建高铁站且有始发列车在本站发出；修建了多所学校，全面更新教学设备，让更多的孩子能够接受更高水平的教育。

政府在脱贫工作中的地位非常重要。在我们走访的过程中，居民普遍反映，他们很认可金寨县政府的工作，并且愿意配合政府进行一系列的工作。金寨县政府从自身实际出发，制定了适合当地发展的政策，同时大力推进招商引资，并传播先进技术，帮助居民提高生活水平。可见，政府所制定的政策对于脱贫工作起着至关重要的作用。招商引资、推进先进技术、发展教育、改善医疗条件、修建交通设施等一系列措施，不仅促进了经济发展，还为居民的生活提供了便利。在正确政策的支持下，居民们更踏实肯干，更有利于逐步实现脱贫的目标。

身为新时代的青年学生，我也认识到了自己身上的责任之重。我们即将走向社会，为国家的发展贡献自己的力量，那么在大学阶段这个全面发展自己能力的黄金时期，我们更应该努力学习，不断提高个人的综合素质以及能力，为将来走向工作岗位，贡献自己的力量打下坚实的基础。

在这次的社会实践中，我看到了国家对脱贫攻坚工作的重视，也看到了脱贫工作取得的一系列重大成果。我相信，在党的领导下，我们一定能够打赢这场脱贫攻坚战，实现全面建成小康社会的目标，把我国建设成为社会主义现代化强国！

# 赴安徽金寨扶贫实践团个人感悟

王统铭

在这次暑期社会实践中，我们队来到了安徽省六安市金寨县，进行贫困县的调研活动。

在实践活动开始之前，戴着"贫困"帽子的金寨县在我的想象中是一个秩序混乱、城市建设和各项设施落后的小县城，而当我们真正来到了金寨县，才发现这一切和我的想象大相径庭。

最初的印象就是金寨的高铁站，作为一个贫困县，金寨县竟然通了高铁，到北京、上海这些一线城市也不过短短几个小时。显然，高铁站的修建将大大拉近金寨与全国各地的距离，这必将是带动金寨县经济发展的一个重要举措。

金寨县的整体环境出人意料地好。街道干净整洁，街边绿树成荫，一条小河横亘在县城中央，河水十分清冽，足见金寨县的环境保护做得非常到位。县城里，购物中心、公园、广场、体育馆……各项供人们日常文化娱乐的建筑设施也一应俱全，极大地便利了人们的生活，提高了金寨人的生活质量。从如今金寨县城的总体面貌中基本看不出曾经贫困的迹象。

黄昏时分，我们前往桂花公园，准备随机采访路人。夜色未至，公园广场上已满满的全是人。空气中混杂着广场舞的音乐声，孩童嬉闹奔跑的欢笑声，一家人休闲散步的闲谈声，整个广场热闹而富有生气，可见金寨人民的日常娱乐生活悠闲自得。广场中央，被喷泉环绕的巨大环形显示屏还在循环播放着习总书记前来金寨县视察时的影视资料。

在采访中，我们了解到，从前的金寨县远不是这个样子，如今新县城所有的一切，都是近年来修建的。伴随着新县城的建设，县政府招商引资，不少企业落户金寨，既拉动了金寨的经济，又提供了大量的就业岗位。在金寨县日新月异的发展进程中，金寨人民的生活水平和生活质量也在以可喜的速度提升着。我们在采访过程中，听到最多的一句话就是“生活变得越来越好了”，受访者的话语中充满了对政府的肯定和对未来美好生活的期许。是啊，在经济高速发展和政策合理落实下，普通民众的生活必然也会越来越好。

第二天，我们下乡前往大湾村进行深入调研。我们发现，水泥公路的一旁，有好几处正修建着二三层高的楼房；另一侧还有一个规模不小的小学；田间，作物整整齐齐地种在大棚内，整个村子的发展比我们想象的还要好。

在村支书的帮助下，我们来到了当地一家村户——王新云女士开设的农家小院。王女士除了经营这家农家小院外，还要管理自家的几亩田地，我们便提出帮助王女士锄锄田间的草。所谓亲身下河知深浅，近一个小时的田间劳动让我们大汗淋漓，耗尽了元气，也让我们深知农民耕耘的不易，因此我们更是觉得之后吃的农家饭可口。

饭后，王女士告诉我们，村里的扶贫政策执行得非常到位，村干部不仅会亲自上门关心经济上有困难的群众，而且还常常组织培训，指导村民们种一些经济价值高的作物，此外，村民们有创业方面的需求时村里往往还会给予政策和经济上的扶持。在这样的帮扶之下，村里多数人都脱离了贫困户的范畴，经济收入得到了极大的提高。由此可见，扶贫政策的精准落实，确实能最大程度地惠及贫困人民，达到最好的脱贫成效，而所谓脱贫，也不只是单单直接给予经济上的援助，更是教会贫困户致富的技能和手段。所谓“授人以鱼不如授人以渔”，这便能达到最好的脱贫效果，而不会是仅仅流于表面的“假脱贫”。

总的来说，政府的统筹规划，干部的精准执行，民众的辛勤劳作，全县人心往一处想、劲往一处使，才造就了金寨县如今高速发展的局面。相信金寨县必能摘掉“贫困”的帽子，走上致富的康庄大道。

实践活动虽然只有短短四五天，但我们却见证了金寨县蜕变的整个过程。讶异、震惊是我这几天来最常有的感受，金寨县的发展一次次刷新了我对贫困县的认知，让我看到了国家对打赢“扶贫攻坚战”的决心和信心。全面建成小康社会的宏伟蓝图，必将在不远的未来实现！而作为大学生，我们亦将担负起时代的使命，努力学习提升自己的综合能力，为国家的发展建设贡献自己的力量。

# 赴安徽金寨扶贫实践团个人感悟

裴君楠

习近平总书记在打好精准扶贫攻坚座谈会时讲道：“打赢脱贫攻坚战，中华民族千百年来存在的绝对贫困问题，将在我们这一代人的手里历史性地得到解决。”铭记着习近平总书记的话语，借本次暑期社会实践的机会，我们小组来到了安徽省六安市金寨县，进行贫困县调研活动。

在社会实践的首日，我们参观并对比了新城区与老城区的发展现状。从医疗、教育、居住、就业、娱乐等方面进行比较，可以明显看出几年来的扶贫效果：高水平医疗卫生机构为当地居民提供了更好的医疗保障；新建成的高铁站和各级公路使得人们来往进出县城更加方便，商业氛围也浓厚了起来；新的高层居民楼带给当地更方便、也更有保障的居住条件；第三产业的逐渐兴起提供了更多的工作岗位，给予更多失业或创业人士以更多的机会；政府投资新修的广场与公园为老人和孩子们提供了休闲娱乐的场所，也给年轻人提供了一个放松身心的地方。在对当地居民的采访中，通过他们热忱的话语，我们感受到了普通民众乐观且努力奋斗的精神，更感受到了这座昔日革命圣地蓬勃发展的朝气。

次日，我们来到了群山环绕、风景秀丽的大湾村感受当地农村生活，采访村民及驻村干部。“不落下一个贫困家庭、不丢下一个贫困群众”的理念在大湾村得到了良好的体现。交通与住房，这两样与村民生活息息相关的基础设施和民生工程，有着最强烈的改观。平整的道路、新建起的二层小楼以及田间整齐的作物，部分已经脱贫的地方真的能给人以桃花源中“良田美池桑竹之属”和“阡陌交通、鸡犬相闻”所描述的感觉。为真实地感受当地农民的生活，我们来到了一户农家院，参与田间劳作。经过一个小时的田间劳作，炎热与汗水使我们知晓粒粒皆辛苦，深思一粟一粒之不易。在与大湾村当地村民的交流中，我们得知，在习近平总书记视察之后，国家和政府对于大湾村给予的新政策让他们的旅游业与农商发展迅速，明显地改善了当地生活的点点滴滴。村中的扶贫成果也与当地政府的支持和驻村干部的努力密不可分。村民与政府一起努力，始终把脱贫攻坚任务放在首位，保质保量，寻求可持续发展的脱贫保障与方法。

第三天，我们前往金寨县县政府，与政府的扶贫工作人员进行了交流。他们告诉我们，扶贫首先应加强教育引导，开展扶贫扶智行动，引导贫困群众增强脱贫主体意识，金寨县也在努力增加和改善学生们的教育资源，宣传扶贫理念。其次要改进扶贫方式，增加贫困民众的参与度，多劳多得，鼓励通过劳动实现脱贫致富。最后要进一步激发贫困群众的内生动力，利用优越的自然条件发展第三产业，带动乡镇农村的经济发展。我们也就精准扶贫的重要性、脱贫返贫的预防与解决等方面进行了更深入的探讨。相比于了解基础的扶贫理论知识，和扶贫的实干家们交流更是别有一番收获。

扶贫的脚步，从来没有停歇。在实现我国扶贫攻坚目标的进程中，只有探索多元化的精准扶贫，不好高骛远，才能让每一个贫困家庭、每一位贫困群众在全面小康的路上不掉队。我们也期待在 2020 年时，所有贫困地区和贫困人口会同其他地区一样，迈入全面小康的社会。鲁迅先生说过："伟大的成绩和辛勤的劳动是成正比的，有一分劳动就有一分收获，日积月累，从少到多，奇迹就可以创造出来。"在这一次的暑期社会实践中，我对此也深有感悟。扶贫是一项伟大的事业，它需要我们每个人的努力。扶贫不是"形式主义"，得"实打实干"。贫困县政府领导应牢记公仆使命，因时制宜、因地制宜调整扶贫政策与方针。基层干部应对贫困群众上心，落实政策到位，帮助每户居民提高生活水平。困难群众应乐观向上，努力工作，通过自我努力获得发展的能力，从而摆脱贫困。而身为当代的青年大学生，我们更该关注民生，一心为国，因为团结一致、众志成城是实现伟大扶贫目标的基础条件。我们也应怀有梦想，努力学习，坚持奋斗，要以国家富强、人民幸福为己任，创造无愧于时代的人生。

# 赴安徽金寨扶贫实践团个人感悟

廖天睿

这一次，前往了安徽省金寨县参加了扶贫调研社会实践，我看到了很多，也收获了很多。近几年来，安徽省金寨县发生了翻天覆地的变化，从一个贫穷的小县城变得城市整洁、交通便利、人们生活富足。

我们在对当地居民的采访中了解到，安徽金寨正不断向前迈进着：几年前破烂不堪满是垃圾的荒地，如今已然成了供人们休闲娱乐的广场；几年前低矮破旧的平房，如今已然是一栋栋精致的小洋楼；高楼大厦拔地而起，学校医院越来越多；工厂在郊区有条不紊地运作，市区内游人络绎不绝。安徽省金寨县已然今非昔比，如今，有着红色基因的金寨，正以全新的面貌，面对着人们。

如此巨大的改变从何而来？通过调查我们发现，近年来，由于政府的巨大投入，金寨县获得了大量的资源。在县城，投入的资金用于新建学校、医院、住宅等以提高人们生活质量，并兴建商业区与工厂提供就业岗位。在农村，通过干部下乡精准扶贫，“建项目”“扶产业”“扶教育”“保住房”“保医疗”“保生活”等多个政策多管齐下，从各个方面、各个角度提供为农村居民开源节流，提供致富的机会，提高生活质量，尽早脱离贫困。

而这一切，同样也离不开勤劳勇敢的金寨人民。

在扶贫调研的几天里，我们接触了许多金寨人民。在与他们的接触中，我们深深地体会到了他们的热情好客；在与他们的接触中，我们为他们的勤劳勇敢所感染；在与他们的接触中，我们看到的更多的是他们眼中对幸福生活的希望。他们为了美好的生活辛勤工作，为了富足的明天不懈奋斗，他们深爱着这片养育了他们的土地，并为了这片土地的未来砥砺前行。而这一切的一切，都是如此美丽并令人感动。在这里，我们时时会想，是不是因为这里的土地太过美丽，才有了这片土地上美丽到让人为之感动的勤劳勇敢的人们。

金寨县能有这种翻天覆地的变化，离不开大量资源的投入，离不开当地勤劳勇敢渴望幸福的劳动人民，同样也离不开政府为此地做出的政策。

为了帮助金寨县脱贫，政府并没有简单地投入资源，不是单纯的“输血”，为了让金寨县实现可持续发展，政府在“输血”的同时也在“造血”。在县城，政府重点大力进行招商引资，拉动经济全面发展；对于农村地区，政府主要进行精准扶贫以及农户的产业转变扶贫。除了“开源”使人们富足，同时也“节流”为人们减轻负担，通过大量的医疗保障、生活保障，让人们“因病致贫”“因事致贫”的概率进一步下降。在提升经济水平的同时，政府也在兴建学校，为本地培养人才，使得金寨县在未来有着足够的人才储备以走向富裕。

大量的资源投入、勤劳勇敢的人们、合理的政策，让安徽省金寨县在脱贫路上大步迈进着。而目睹了这一切的我，感慨良多。

大学生，作为祖国未来的栋梁，必然要承担起许多的责任，必然要为祖国的发展做出自己的贡献。祖国虽然已经“富”了起来，但这次扶贫调研让我们意识到，从“富”到“强”，我们还有很长的路要走。时值“两个一百年”的关键时刻，作为一名重点大学的工科生，更应该扎实自己的基础，提升自己的专业素养，提升自己的知识水平，为成为一名合格的工程师或是研究人员做好充分的准备，让自己在未来能够为祖国的建设贡献出属于自己的一份力量。

安徽省金寨县的扶贫调研已然结束，但是这里的一切已然深深烙印在我们的心中，在这里体会的一切也将化作路标，指引我们未来前行的方向。

# 赴山西娄烦扶贫实践团个人感悟

马增琛

暑假期间，我们用数天的时间完成了在山西娄烦县的调研，让我感触很多。

去娄烦县的路程并不顺畅，一路颠簸，我倒有兴致隔着车窗，看看这里的风景。作为在平原长大的人，我从来没有见过这么多的山，它们连绵不断，郁郁葱葱，显示出一片勃勃生机。看到这些绿水青山，我感觉居住在这里的人们生活一定是惬意而满足的。

然而，经过数天的走访调研，我才明白眼前雄伟壮观的大山却是阻碍娄烦县人脱贫致富的“元凶”，那么娄烦县人会讨厌大山吗，会仇恨大山吗？我认为是不会的。习近平总书记告诉我们，绿水青山就是金山银山，眼前翠绿的青山正是娄烦县人的宝藏。与县扶贫办主任的一番谈话，让我了解了娄烦县贫困的历史和现实原因，同时为国家大力支持贫困县脱贫工作而出台各种政策感到自豪。

在娄烦县，我们有缘见到了一位来这里支持娄烦县脱贫的北理工学长，他为我们讲述了如何在娄烦县实施光伏扶贫，介绍了光伏扶贫的优点：一块占地数亩的太阳能发电板能持续性地每年为一个村子提供几万元的收入。虽然我的家乡山东德州被称为中国太阳城，但是我还是第一次了解到太阳能竟然还有这样神奇的用途。我们参观了光伏发电的基地，真切地体会到企业在为贫困县扶贫贡献自己的力量。我很钦佩那位学长，他能来到这样偏僻的地方帮助这里的人们脱离贫困，真的很有奉献精神。

我们实地考察了当地脱贫先进村，从人们的讲述中，从照片中，我们感受到了近些年村子天翻地覆的变化，翻新的房屋、整洁的街道、广场上的健身器材……这些都是扶贫工作的生动体现。最让我印象深刻的是村委会的黑板上粉笔书写的村规民约，它正和我们的社会主义价值观一样，为村民提供优秀的精神文明指引。扶贫工作不只是让人们在物质上富起来，更要在精神上富起来。

在娄烦的这段日子，我还感受到这里人们生活的独特气息。这里的生活没有大城市的浮躁与喧嚣，有的是平淡与宁静。小城不大，一趟公交就可以走遍全城，生活简单，幸福美好。这让我想起一句古文："歌于斯，哭于斯，聚国族于斯。"这里的人们可能世世代代都生活在这里，中国传统的家族文化在这里依旧传承下去，这种感觉对于生活在城市里的人们来说应该很难体会到了。

党和国家的精准扶贫政策正在努力帮助娄烦人脱离贫困奔小康。很多杰出人才来到娄烦县，扎根基层，服务百姓。我相信未来娄烦县的生活一定会越来越好！作为一名当代大学生，我深刻意识到我们应当承担起时代交给我们的历史重任，努力学习，提高自己，为国家贡献自己的青春与热血。

# 赴山西岚县扶贫实践团个人感悟

苏丹丹

初到岚县，黄昏落日、连绵山脉、蓝天白云……让我瞬间爱上了这个小县城。坐在车上，看着两边呼啸而过的景色，有田地，有河流，有耕牛，还有辛苦劳作、奋斗的人们，真是地灵人杰。

斑驳的墙壁是我对蛤蟆神村的第一印象，但在探索中，我发现了独属于乡村的魅力：清澈的河流、连绵的青山、袅袅的炊烟，都是在城市看不到的美丽景色。寂静的乡间小路，蜿蜒曲折，不知通向何方，分道而行的你们可能会在下一个路口相遇，小小的村庄充满着诗情画意。坐车沿着盘山公路不断向上，当我们最终到达山顶时不约而同地发出了惊叹，凉爽的清风、开阔的视野让我们产生了一种"会当凌绝顶"的豪情壮志。从山上能看到宛如明镜般的水库，能看到村庄的全貌，看到漫山的沙棘林。山顶还有一座拥有几百年历史的烽火台，我们仿佛能看到当年狼烟起、战火燎的热血场面。

蛤蟆神村土地贫瘠，种植的粮食作物产量低、质量差、销路有限，所以村里虽然地多，但一年劳作下来，经常入不敷出，更别提脱贫了。但在政府和专家的帮助下，它找到了适合自身的发展道路——种植沙棘林。两千多亩的沙棘林可以充分带动自身及周边乡村居民的就业，在五年内完成脱贫任务。从走村入户的卖力吆喝到轻点手指的轻松惬意，从不断被压缩的产品价格到利润可观的线上商品，一台电脑、一根网线成为连接岚县偏远乡镇和世界的纽带。在互联网这张大网上，当越来越多原生态农产品走出岚县、走向全国，并为村民带回源源不断的财富时，电商扶贫也成为该县又一脱贫"新招"。

我相信，在国家政策的大力支持下，在政府的领导下，在淳朴善良勤劳的村民的努力下，蛤蟆神村一定能够打赢脱贫战，摘掉贫困的帽子，过上幸福美好的生活。

作为大学生，我们有机会学习最新的科学知识，更应把握时代脉搏，用自己的能力为社会做出贡献。通过这次社会调研，我看到了独属于乡村的美丽景色，感受到了老百姓对幸福美好生活的向往，细致了解了蛤蟆神村的扶贫措施，更加坚定了我努力学习科学知识、提高自身综合能力的信念，为国家富强、民族复兴贡献自己的一份力量，让自己的生命更有意义，让青春无悔！

# 赴河北阜平扶贫实践团个人感悟

王 源

从2018年7月1日出发，到3日晚上返校，从北京到河北省保定市阜平县，我完成了人生中第一次贫困县走访调研。在这几天里，我看到了阜平县的成长缩影，心潮澎湃，又有着些许感慨。

走访过程，不是简单的你问我答，不是走亲戚串门，需要我们针对不同的采访对象，把握关键字眼，以诚相待，了解基本情况。

7月1日，我们正式开始了暑期社会实践。在当地政府指派的陪同我们的工作人员身上，我感受到了当地人对革命老区阜平的满腔热忱，这样一个九山半水半分田的地方，酝酿了许多人民子弟兵。2012年，习总书记亲自走访阜平县，扶贫工作六年的时间悄然流转，如今的阜平以一种截然不同的全新面貌展现在我们面前，我们切实感受到了总书记心系人民的家国情怀。在采访扶贫办刘主任的时候，我们了解到很多网上没有收集到的信息，对阜平县的贫困现状有了切身体会和认识。在整理采访稿的同时，我很具体地看到了县里各项扶贫政策的精准落实，林果种植业、食用菌养殖业和旅游业等各方面都呈现出蒸蒸日上的态势。

在当地团委的大力支持下，我们来到了骆驼湾村与邻近的顾家台村。我们到达的时候，村子里几乎没有人，随行人员告诉我们，全村人大部分都去镇上参加一个有关政策的考试，其他村子也是一样。我内心十分震撼，全民参与的扶贫，又怎会实现不了脱贫致富呢？几位当年习总书记走访过的老人还在家中，我们开始了对唐荣斌和唐宗秀两位老人的走访，从他们喜悦的脸上和真切的话语里，我明显地感受到他们对县城经济飞快发展和政府帮扶的感激。后期我们采访了顾家台村的书记，发现当地的教育设备已基本完善，但师资力量远远不够。我心中感慨，扶贫工作不是一蹴而就的，政策需要长期落实，特别是教育事业，是百年大计，更需要一代代人接力，奉献耕耘。

我们根据当地电商办的建议，来到了阜平县电子商务创业园。虽然不在县城中心，但创业园的建筑比较气派。展厅中陈列着种类繁多的当地特产，负责人向我们介绍说，这些产品经过精美包装后，会统一通过电商渠道售卖，这为阜平县的扶贫攻坚事业做出了很大贡献，为农户致富开辟了一条新的道路。

通过这次暑期社会活动，我不再只是了解电视新闻中的报道，而是切切实实地看到了一个贫困县的发展。我深深感动于党和国家的扶贫政策，感动之余，暗下决心要努力完成学业，回报祖国，回报社会。

# 赴河北阜平扶贫实践团个人感悟

杨语欣

在这次社会实践中，我担任了队长的职务，和几个志同道合的伙伴一起，共同踏上了追寻习近平总书记扶贫足迹的道路。这次社会实践不仅是对我个人能力的锻炼，更让我开阔了眼界，切身体会了扶贫工作的成效。

在前期准备中，我第一次和众多部门沟通相关事项，包括实践时间、路线规划、采访安排等。每一次沟通后，我们都要再召集小组成员开会，修改实践方案。这一切足足准备了好几天。在一次次的会议中，我们逐渐明确了实践方向，小组成员之间也有了很好的磨合，为实践的圆满完成奠定了基础。

在第一天的实践中，我们采访了阜平县的扶贫办工作人员。通过他们的介绍，我们较为全面地了解了阜平的扶贫政策。我不禁感叹扶贫工作的复杂程度和国家政策的周全设计，几乎生活、工作的方方面面都有相应的政策为老百姓提供保障。在政策的支持下，近年来阜平县的扶贫工作已见显著成效，当地经济水平有了大幅提升，它再也不是太行山区中那个交通闭塞、默默无闻的小县城了。

第二天，我们来到了骆驼湾村和顾家台村。走进村中，一座座干净整洁、漂亮气派的新房吸引了我的目光。在来这里之前，我曾经在网络上搜索了扶贫工作开展前阜平县的样貌，与此截然不同，可见扶贫工作开展之快、效果之显著。在见到习近平总书记曾慰问过的老人时，老人为我们讲了当年习近平总书记来时的情形。通过老人的追忆，我们依然能感受到习近平总书记和蔼可亲的语气以及关心基层人民的家国情怀。也正因为扶贫工作组如此细致地了解情况，才制定出因地制宜的扶贫政策，使扶贫真正落到实处，真正做到惠及百姓。

最后一天，我们去了阜平县电商创业基地。在那里，我们看到了很多经过精加工和包装的阜平特产。在经济发展迅速的当下，阜平抓住机遇，利用电商平台售卖产品，足不出户就把商品推广到全国各地。正是这种创新的方式，又为阜平的产业注入了新的活力。

三天的社会实践虽短，但我们体验了当地的风土人情，深入基层了解到了阜平的扶贫成效和现有的不足。我们既看到了当地发展得很好的产业园，也了解到这里深处的山区还有几处像几年前的骆驼湾村和顾家台村那样的村庄。这些地区正等待着我们这些祖国新一代血液的注入，为当地的脱贫致富贡献自己的一份力量。

沿着习近平总书记的扶贫足迹，我感受到了习近平总书记真抓实干、一切为了人民的坚决的扶贫精神，也领悟了脚踏实地、一步一个脚印才能干出真成绩的道理。扶贫致富绝不是一日之功，它需要千千万万工作在扶贫一线的同志共同努力奋斗，才能砌筑好这道长城，为人民的生活建立起坚实的保障。而作为大学生的我们，此时能做的，就是努力学好专业知识，将来无论在怎样的岗位，都能发挥自己的一技之长，为扶贫攻坚工作添一块瓦，为祖国的建设出一份力。

# 赴河北阜平扶贫实践团个人感悟

黄吴淼

尽管我们在阜平县的实践调研只有短短三天，但我却从这次的实践活动中收获许多，也感悟许多。

令我印象最深的莫过于扶贫前后阜平县的变化。从习近平总书记五年前赴骆驼湾村和顾家台村考察的照片上看，当时村子里的房屋还破败不堪，仿佛一场大雨就能将其摧垮。但在党和国家的大力支持和阜平县县委、县政府的不懈努力下，阜平县“美丽乡村建设”正如火如荼地开展着。如今，新房的搭建正在有条不紊地进行着，农户也从老房子里陆续搬了出来，住进了新房。我们采访了习总书记当年走访的唐荣斌老人和唐秀宗老人，他们对目前的生活都颇为满意，脸上也洋溢着幸福和感激的笑容。

在本次实践活动中，我们团队着重调研了阜平县电子商务扶贫工作的开展情况。我也了解到了许多相关政策，例如打造“阜禮”品牌、建立农副产品认证补贴机制、开展产销对接工作、建立产品供应过程可追溯体系等。但我们也从负责部门了解到，目前农户仅能完成农产品的种植和采摘，因为村子里大部分都是中老年人，他们对于网上售卖的过程不熟悉，所以其余的工作均由企业承包。政府积极鼓励大学生回村支持电商的发展。他们有一定的计算机等专业的基础知识，又走在时代的前沿，能够充分利用家乡优势，把专业知识合理地运用于实践中。相信大学生的回归能给阜平县电商的发展注入新的活力。

实践结束后，我始终难以忘记阜平县那令人向往的美景。阜平县没有大型工厂，保留有极好的植被。阜平县的森林覆盖率是44.5%，是整个保定市环境最优美的地方。我们在实践途中穿梭在山林中，扑面而来的是清新的空气，抬头望去，湛蓝的天空没有一点雾霾。阜平县政府也计划借助风景区发展旅游业，让更多的人从城市的喧嚣中走出，投入大自然的怀抱。

在这次实践活动中，我的个人能力也得到了提升。首先是与人交流的能力。我们的实践活动以采访为主，因此我们大部分信息都来源于采访内容。这就要求我们积极地与当地的干部及农户沟通，获取有价值的信息。其次是团队合作能力，作为一个团队，我们集思广益并积极讨论，才有了初步的实践计划。在实践过程中，每个人都主动承担自己的责任。我相信，实践活动的圆满完成离不开每一个队员的点滴付出。

此次实践是我宝贵的人生经历。我在实践中感悟习近平总书记胸蕴家国、心系人民的家国情怀，以及抓铁有痕、踏石留印的真抓实干精神。我切实体会到阜平县在扶贫工作开展以后取得的一系列可喜可贺的变化，我不仅了解了扶贫政策，还与大家共同探讨电商扶贫的优势与存在的问题。作为当代大学生，我也将在今后的生活中不断思考科技致富之道，勇担复兴大任，争做时代新人。

# 赴河北阜平扶贫实践团个人感悟

蒋庆禹

坐在电脑旁，回想着这次阜平之行，我有着很深的感触。这是第一次和同学们一起离开学校去做实践活动，也是第一次去贫困的地方亲自调查。无论是实践之前的准备，还是实践过程中的经历，都让我受益匪浅。

在去阜平之前，我们通过各种途径了解过这个小城，在资料信息和心理上都做了一些准备，但是在抵达阜平后，所见的一切还是触动着我的心。

由于时间原因，我们从保定到阜平未能赶上高速大巴，于是选择了公交车。经过足足四个小时的颠簸，我们才到达阜平。后来我们了解到，我们这次体验了 2013 年之前的阜平交通，因为阜平在 2013 年之前没有高速路，没有铁路，即便是到最近的保定，也需要四个小时，不过现在的阜平已经修建了高速，架起了和外界沟通的桥梁。

抵达阜平后，当地工作人员热情地接待了我们，向我们介绍了阜平各个方面的扶贫政策。阜平的脱贫是一场硬仗，交通不便利、人均耕地少、人民受教育水平不高等一系列因素桎梏着阜平的发展。但是当地政府积极解决问题，耕地少就改变农作物的品种，交通不便利就修路，遇到困难不退缩。他们知难而上，为百姓做实事，为脱贫攻坚呕心沥血，这样的阜平精神深深地激励着我。

为了更加深入地了解阜平的现状，我们追随着习总书记的步伐，前往骆驼湾村和顾家台村。未到村庄，我们便感受到了村里的变化，远远看去，早已不是照片里当初那个破旧不堪的村子，两个村子的建筑全部翻新过了，规划得整整齐齐。原来习总书记拜访的两户农家也已经搬迁到了更好的住处，而曾经的房子被保存了下来，那是习总书记惦念百姓的象征，是村子的过去。“不忘初心，方得始终”八个字写在横幅上，也存在于阜平百姓的心中。

我印象最深的是唐荣斌老人。老人的腿脚已然不太灵便，但是得知我们要采访他，他硬从新家中出来，带我们走到原来习总书记来时的家中，我的心中不由得升起对老人深深的敬意。唐荣斌老人向我们讲述当年习主席到访的情形时依然激动不已："当时习主席就坐在这个炕上，和我们唠家常。"与我们谈话之余，他的目光时不时停留在墙壁上他与习主席交谈的照片上，眼里满怀感激与感慨。不仅唐荣斌老人搬了新家，村里的所有人都住上了新房，每家每户的生活水平这几年都在稳步提升。我深切地感受到，扶贫工作为老百姓带来了真切实在的收益。只有走到扶贫第一线，才能最深切地感受到贫困地区的不易，感受到扶贫带来的方方面面的改变，感受到社会主义制度的优越性。

阜平在物质条件上发生了翻天覆地的变化，但是还存在一些问题有待解决。在参观当地的青少年宫时我们发现，青少年宫环境幽雅，设施应有尽有，但师资力量还较为匮乏。长久以来偏僻的地理位置和闭塞的交通导致劳动力和人才外流。但是通过调研，我们已经看到了情况在慢慢好转，我相信阜平的未来是不可限量的。

身为当代的青年人应该心系基层，抓住了解和体验社会的机会，实现自身价值，贡献自己应尽的力量。窥一斑而知全豹，透过这些，我仿佛看到了整个阜平乃至整个中国的偏远山区的现在和未来，无论多难，无论多偏远，党和国家不会忘记他们。脱贫攻坚，中国，在路上！

# 赴河北阜平扶贫实践团个人感悟

孔 惟

在“‘心’走在扶贫攻坚第一线——追寻习近平总书记扶贫足迹”的专项暑期社会实践活动中，我与团队一同走出校园，走访调研，认识社会。通过调研贫困县扶贫情况，我深切地感受到了习近平总书记心系人民、为民奉献的家国情怀，看到了贫困县在国家帮助支持下翻天覆地的变化，学习了基层一步一个脚印的稳扎实干精神。我深感，国家在发展，时代在进步，我们大学生应当担负起社会责任，在扶贫路上贡献力量。

我感受到了关怀——国家政府对基层人民的关怀。我们走进阜平县，看到习近平总书记曾经走访过的贫困家庭由以前生活困难、吃住紧张的穷困状况变成现在生活幸福、逐渐脱贫的全新模样，看到村民家里墙面上挂着总书记当时与村民交谈的照片，听村民讲述当时总书记坐在炕上耐心地询问村民们生活情况的情形，感受到了习总书记体察民情、关怀百姓的家国情怀。我们了解到，国家在农业产品促销、电子商务发展、旅游产业扶持、社会保障支持等各方面给予了政策支持。调研发现，贫困人口显著减少，贫困率不断降低，特别是居民可支配收入明显增加，2017 年经济指标明显增长。这一切都反映了脱贫工作取得的成效。我也体会到，只有关心基层人民，切实了解基层困难，才能先脱贫后致富，也才有了现在阜平县可观的变化。

我产生了思考——如何做到精准扶贫。脱贫攻坚必须稳扎稳打，一步一个脚印，确保扶贫政策落到实处。工作中必须要掌握第一手材料，真正了解实际存在的问题，以及背后深层次的原因，精准施策；从实际出发，坚持实事求是的原则，推动政策落地生根，加快脱贫攻坚的步伐。

我体验到了成长——团结合作，学会奉献。我们七人组成小组一同到阜平县，一路上分工合作，互帮互助，团结友爱，最后高效率地完成了调研任务。

在这个过程中，我们组员团结合作，更得到了阜平县干部和村民的热心帮助和热情招待。当地干部帮助我们前往实践地，村支书耐心地给我们介绍扶贫政策，带领我们参观扶贫项目；村民给我们讲述当时习近平总书记来到村里的情景和这几年来的变化。从他们身上，我感受到吃苦耐劳、不忘感恩的好品质。我们大学生应该培养团结互助、关心民间疾苦的品质，从小事做起，践行服务社会、服务人民的奉献精神。

最后，我想起梁启超先生的一句话：少年强则国强。这次社会实践以习近平新时代中国特色社会主义思想为指导，为我们提供了体验社会、服务社会的机会，我们认识到大学生应该走出校园，发挥他们的优势，为科技扶贫、教育扶贫奉献力量。我们在调研过程中深刻地认识到，身为一名大学生应当及时了解时代发展趋势，做这个时代的引跑者。我们肩负重任，只有我们坚持努力，创新技术，才能造福人民，国家才会更加强盛。

不忘初心，方得始终。社会实践的步伐催促着我们大学生了解社会，体察民情，不管扶贫的路有多长，我们应当脚踏实地，认真学习专业知识，并将其运用到社会中，为社会奉献力量，让“心”在一线扶贫路，真正担当起复兴大任。

# 赴甘肃平凉庄浪扶贫实践团个人感悟

徐乾景

在连绵的大雨中，我们调研团成员辗转多种交通工具，历经两天的奔波，来到了此次暑期社会实践的目的地——甘肃省平凉市庄浪县。

在从兰州前往地处大山深处的庄浪县的路上，连续的降水，导致道路湿滑且处处存在山体滑坡隐患，大巴车行驶甚是缓慢。一路的颠簸让我们对贫困县交通不便的感受更为深刻。在与同车老乡交流的过程中，我们了解到在扶贫工作开展以前，即通往庄浪县的公路还没有修建好的时候，一旦碰到连续的阴雨天，泥泞的山路经常因为发生小规模滑坡而造成道路堵塞，出行十分不便。交通的落后大大阻碍了庄浪县与外界的交流，这让我们亲身体会到了“想致富先修路”这几个字的分量。

到达庄浪后，我们看到了国家的精准扶贫政策为地方乡镇带来的切实好处。调研期间，围绕精准扶贫政策的落实，我们深入乡村，看现场、访农户、查资料，通过与扶贫办干部的访谈、个别贫困户的交流、查阅工作资料等方式，比较直观地掌握了该县扶贫工作的基本概况、主要措施、工作成效和存在的困难。虽说这是我们实践团成员第一次进行扶贫相关的社会实践，但是我们也都明白在实践过程中，必须避免漫无目的、主观臆测的工作方式。我们目的明确，要了解什么、寻找什么、获得什么、挖掘什么，都要事先准备好提纲，按图索骥，深入扶贫前线。我们本着实事求是的态度，结合精准扶贫政策，身体力行地深入调研。

在几天的调研过程中，给我留下最为深刻印象的是修建于 2016 年的村委会及图书室等一系列的新建筑，它们为原本落后的大山深处注入了新的活力。各级党委、政府对脱贫攻坚工作的空前重视令人印象深刻。县里的领导同志谈起各项数据都能如数家珍。贫困户对相关政策普遍感到欢欣鼓舞，并在一线扶贫干部的指导下逐项落实，我深深感受到党和政府的帮扶政策深得人心。面对贫困村，县、乡两级干部普遍感到肩上责任重大，不敢懈怠，全面落实驻村帮扶的相关要求。

这次实践活动培养了我们的责任心。当代大学生应该为祖国建设奉献自身智慧和力量，在习近平新时代中国特色社会主义思想的指引下，学好扎实本领，勇担复兴大任。

# 赴山西岢岚扶贫实践团个人感悟

邓高峰

岢岚，谓之“鲜有人烟的山丘”，这富有诗意而又充满斗志的名字与这个正在奋斗的小城是这样吻合。我们所采访的每一个人，扶贫办主任、村主任、村妇联主席……他们对自己管辖的工作都非常熟悉，并且都有自己的规划和目标，更有克服一切困难的决心。

丰富的旅游资源、独特的文化品牌、成熟的电商体系、负责的驻村领导以及充满希望、朴实能干的村民们，成就了岢岚县的全面脱贫战略。岢岚县实现全县脱贫，就我个人来看，这个目标是完全可以很快实现的。小到每一个村庄，大到整个岢岚县，我所能感受到的最直观的印象便是积极向上，充满正能量。

宋家沟村的妇联主席给我留下了极为深刻的印象。她熟悉宋家沟村每一户村民的家庭状况、生活情况甚至业余爱好；大学毕业后的她没有和其他同学一起选择留在城市找一份“体面”的工作，而是毅然决然地选择回到了生养自己的村庄，为宋家沟村的发展贡献自己的一份力量。她也坦言，工作中会遇到这样那样的问题，但她仍表示自己不后悔，不怕苦、不怕累，要继续坚持为家乡奋斗。

赵家洼村和宋家沟村都经历了整体搬迁，村容村貌焕然一新，街道干净整洁，村里的基础设施也十分健全，从村卫生室、集体食堂到村小学、手工室一应俱全。赵家洼村还利用玉米皮制成各种精美的工艺品对外出售以增加村民们的收入，村民们也对现在的生活非常满意。特别是宋家沟村，虽然已经实现了全村脱贫，但村干部们没有丝毫懈怠，再接再厉以旅游业为支柱，努力发展其他相关产业，吸引年轻人回村创业发展，不断为村子的长远发展献计献策，为村子的进一步发展而不懈努力着。村里还提供了免费的技能培训班，鼓励村民学习更多的技能，走出山村去谋求更好的发展。

短短几天的时间，岢岚县，从一个完全陌生的小城，一跃变成了一个充满生机与希望、不断奋进向前的代名词，从不否认自己的劣势，也从不放过发展自己的机会。衷心祝福岢岚在脱贫致富、奔小康的路上越走越好。

# 赴河北张北扶贫实践团个人感悟

李金鹏

2018年暑假，学院开展"'心'走在扶贫攻坚第一线——追寻习近平总书记扶贫足迹"社会实践活动，我们前往张北县开展调研，了解扶贫工作给人民生活带来的变化和改善。

调研过程中，我们有幸等到了百忙之中抽空接受我们采访的孟德良副县长。听着副县长如数家珍地介绍全县的情况，我发自内心地感觉到，全县政府上下都在为全面脱贫的早日实现而努力奋斗。副县长提到，中国特色的扶贫道路是有自身的优越性的，但是扶贫并不是一件一蹴而就的事情，越往后，难度越大，我国的脱贫攻坚战已经到了最困难的冲刺阶段，所以我们更要以坚定的信心来面对以后发生的一切挑战。

德胜村扶贫办的李书记热情地为我们讲述了在扶贫政策推出后的一系列变化，还为我们重点讲述了两个凭借自己的头脑，在致富路上走得更远的年轻人的事例。第一位年轻人，依靠自己独特的眼光，看中了张北县旅游业的发展趋势，建造了度假宾馆，现在已小有规模。在经营宾馆的同时，他也在做餐饮行业和导游工作，可谓是年轻有为。第二位年轻人，出身农村，发掘的则是农村土地的优越性，在当地进行食用菌类的种植。其中也经历了许多困难，比如菌类需要潮湿的生长环境，而当地的气候较为干燥，于是他设计了一个复杂的供水系统来解决这个问题。正是因为用自己的头脑克服了这些困难，他才能够凭自己的双手获得成功。听完李书记的讲述，我深有感触，扶贫确实要靠政策支持，而每个人的生活条件确实也更大程度上是由自己的想法和胆识决定的。

德胜村光伏发电的场地也十分壮观，一大片的太阳能板映入眼帘，其带来的收益更是可观的。太阳能板的下面种植着适合当地环境的中草药，充分利用了土地资源，可以看出光伏发电为德胜村的脱贫事业做出了不可磨灭的贡献。

通过这次扶贫帮困实践活动，作为大学生的我觉得肩上的担子很重。要想为社会多做点贡献，去帮助那些在困难中挣扎的人们，我认为要用科学知识武装自己，努力改善知识结构，增强专业素质，不断学习，树立终身学习的观念。

虽然我也去过农村，对农村有一定的认识，不过这次扶贫行动却是真正让我思考最多的，我相信这些思考能让我不断进步，奋发图强。

# 赴河北张北扶贫实践团个人感悟

周传宝

此次暑假，我们小组践行学院“‘心’走在扶贫攻坚第一线——追寻习近平总书记扶贫足迹”主题社会实践，走进习近平总书记曾走访过的张北县德胜村，体验观察脱贫攻坚取得的实际成效，了解精准扶贫政策落实情况，增强对社会和国情的了解，以实际行动践行当代青年的历史使命。

张北县空气清新，温度适宜，有着“康养圣地”的美称。在采访张北县孟副县长的过程中，我们了解到：张北县以产业扶贫为主要政策，利用产业生产力带动贫困人口脱贫致富，其中的支柱产业就是光伏发电和大棚微型薯种植。在扶贫项目开展后，张北县得到了迅速的发展，脱贫计划得到了稳步推进。

在德胜村，我们采访了村委会的李书记和当地的村民。德胜村为了防止脱贫不彻底，还会给予刚脱贫人员相当长一段时间的政策扶持，脱贫不脱政策。进村途中随处可见的崭新楼房正是扶贫政策中的住房保障。在采访过程中我们真切感受到了德胜村农户对扶贫政策的满意与认可，从二十多岁的青年到八十岁以上的老人，他们始终坚信用自己的努力可以换得美好的未来。

光伏发电产业区和大棚微型薯种植也令人耳目一新。虽然来之前我们已经了解到光伏发电产业对于张北县的重要作用，但实际看到以后我们还是被它的规模所震撼：2 600 亩的土地上排列着整齐的光伏电板，在阳光的照耀下熠熠生辉，而且光伏电板下的土地也并没有被浪费掉，上面有光伏发电，下面有草药种植，二者互不影响，土地资源得到了充分的利用。这是张北县的巨大财富，甚至我们站在那里的每一秒钟，它都在源源不断地给张北县注入生机。

此次扶贫实践活动，确实使我有了不一样的收获。这短短几天的实践，从旧房到新屋，从种植畜牧到马铃薯育种、光伏发电，从劳动力流失到有年轻人回归，我们感受到了精准扶贫带来的巨大变化。在国家政策的支持下，张北县贫困人口迅速减少，经济收入大幅提高。依靠自己的地理位置和致富之路，张北县正在响应国家脱贫攻坚的号召，逐渐摆脱贫困县的帽子。

“读万卷书，行万里路”，经历了实地的考察，我们才见证了光伏发电产业的腾飞，体验到了德胜村的环境，感受到了当地农民为了更好地发展而付出的辛苦与努力。只有亲自体验过了，我们才会从他人的角度去思考，才能获得真实的心灵感悟，这是书本上学不到的知识，更是难得的社会体验。以我们大学生的眼睛去见证十八大以来基层翻天覆地的变化，用心灵去体会习近平总书记治国理政的战略布局，用行动去助力中华民族的伟大复兴，我想，这也是此次暑期实践的目的所在。

习总书记强调，青年是祖国的前途、民族的希望、创新的未来。作为当代青年中的重要角色，作为大学生的我们，应该积极参与类似的社会实践活动，在学习书本知识的同时，学会学以致用，用社会经验丰富自己，用阅历武装自己，在实践中成长，在实践中创新，使自己成为一个敢于实践的人。

此次张北之行，不仅开阔了眼界，也提高了我的社会实践能力和认知能力，使我更有信心在以后的成长过程中积极参加类似的社会实践活动，锻炼自己，丰富自己，完善自己。我会努力追求全面发展，勇于担当民族复兴大任，争做时代新人！

# 赴甘肃渭源扶贫实践团个人感悟

朱佳曦

这次渭源社会实践给我留下了十分难忘的回忆。出发前，我们对要去的地方并没有过多了解，脑海中勾勒出的贫困县是在小山沟里，交通不方便，物质匮乏，教学资源稀缺，人们生活困难……我和小伙伴们一同想象着，对渭源的期待并不高。

从火车站去往县城的路上，我们一群在长江边长大的孩子大多是第一次看见黄河，大河滔滔带来的惊奇和震撼让我们一时忘记了此行的目的。进入县城后，眼前看到的一切都超出了我的想象：宽阔的马路上样式繁多的汽车像一条彩色的流动河水；街道两旁商店林立，一个个精心布置的橱窗像一幅幅美丽的画卷展现在人们面前；放学时，学生们三五成群，或谈着生活学习中的趣事，或唱着最近流行的歌曲。到了习总书记曾经到访过的贫困小村庄——元古堆村，我们感受到了农民们的热情好客和乡村风光的无限美丽。在这里，我们看到的是逐渐完善的新农村、各种旅游资源的开发、各种电子商业的发展，我们看到了在国家政策下，曾经不能饱腹的村民现在都过上了富余生活。

对于我们这些曾一度“两耳不闻窗外事，一心只读圣贤书”的学生来说，平常接触这些事物的机会比较少，对于国家政策及其落实情况也只是偶尔在新闻上看到。这次实践中我们主动了解情况，有了更多了解国家扶贫相关政策和情况的机会，也让我们亲眼见证了国家帮扶下一个小山村的变化。

除此之外，这次活动也让我感受到了扶贫对于人民、对于国家的重要意义。当我们在元古堆村看到扶贫政策实施的前后对比情况和照片，看到村民们劳作时不似以往沉重的身影，看到村民们对于生活的满足，看到孩子们在宽敞明亮的教室里学习……我们看到的不仅是村民们言语笑容中洋溢出的幸福，还有村民们对于党的伟大政策的感激。

这次活动对我来说，不只是一次团队活动、一次扶贫项目调研，更是一种了解生活、开阔视野的体验，是我生命中充满意义的回忆。

# 赴甘肃渭源扶贫实践团个人感悟

杨思程

我们团队这次前往甘肃省定西市渭源县进行的暑期社会实践，对我来说是一次难忘的、有意义的经历，无论是渭源县以及元古堆村的扶贫政策及其效果和影响，还是甘肃优美的风景和丰富的物产资源，都给我留下了深刻的印象。

在经济高速发展、社会发生深刻变革的今天，中国已经进入新时代，但仍然有一些地方的人们生活在贫困的边缘。在我看来，在这些默默无闻的角落里，存在着值得我们去调查挖掘的“宝藏”，而我们通过社会调查与体验观察等方式深入接触贫困村基层群众，切实体验到了国情民情。

在大多数情况下，社会实践活动需要自行设计活动内容。在此过程中，我们不仅能增强创新意识和实践能力，还学会了如何与同学分工合作。通过社会实践调查，我们切身思考体会，锻炼了自身的工作能力，能更加全面地评价自身、完善自身以适应社会需要。

我们追寻习总书记扶贫足迹，感受渭源县元古堆村的变迁。住坯房、喝泉水、走泥路，这就是曾经元古堆村村民生活的真实写照。如今纯净的自来水通过主管道流入家家户户，宽敞平坦的水泥路上行驶过一辆辆汽车，统一规划建设的新房在阳光下格外醒目。我们始终把调查关注点放在贫困人口上，结合他们的所思、所想、所需、所望，体会和感受贫困村村民的情感、认知方式以及生存、生活、生产状态，从而以小见大，更加正确、全面地看待中国的现状和发展，激发自身服务社会的责任感。元古堆村从破败不堪的低矮“土坯房”变成整齐划一的新村“安居房”，从靠天吃饭的自给自足变成了入股分红的致富坦途……沧桑巨变给了元古堆人砥砺奋进奔小康的不竭动力，元古堆人正在把幸福美好的日子“越过越红火”！

我认为通过社会实践活动能让我们更好地把在校学习的专业知识运用到实践中去，可以帮助我们树立服务和奋斗意识、思考和规划人生道路，将个人发展同国家、社会发展紧密结合。社会实践为我们从大学校园走向社会搭建了一个顺利过渡的桥梁与平台。

# 赴江西井冈山扶贫实践团个人感悟

毛新伟

参天万木，千百里，飞上南天奇岳。故地重来何所见，多了楼台亭阁。五井碑前，黄洋界上，车子飞如跃。江山如画，古代曾云海绿。

弹指三十八年，人间变了，似天渊翻覆。犹记当时烽火里，九死一生如昨。独有豪情，天际悬明月，风雷磅礴。一声鸡唱，万怪烟消云落。

——毛泽东《念奴娇·井冈山》

井冈山，红色的热土、革命的摇篮，星星之火从这里点燃，共和国的脚步从这里迈出。踏上这块神奇的土地，触及这里的一山一水、一草一木，近距离仰视这座雄伟的山岚，人在震撼之余有无穷感悟，感悟这山的灵秀、这境界的超脱，更感悟这块土地在中国革命历史上留下的浓墨重彩的一笔。

2018 年 7 月 1 日至 7 月 5 日，我们一行人在井冈山开展扶贫调研社会实践工作。对于 20 岁的我来说，这是第一次参加较远距离的社会实践，第一次正式走出象牙塔接触、了解社会。这个难得的实践机会，让我好好锻炼了一番，提高了思想认识。

## 走访它省，见证不同

井冈山地处江西省西南部湘赣两省交界的罗霄山脉中段，古有“郴衡湘赣之交，千里罗霄之腹”的称谓。由于地理、资金等因素，井冈山市曾是国家贫困县之一，贫困人口多达万余人。而今，在国家的大力支持下，井冈山人民发挥智慧，开辟出独具特色的脱贫道路，正在脱贫致富，奔向小康的路上。

如果说“雄、奇、险”是泰山的特点，那么“灵、邈、秀”则是井冈山的特点。

这里四面环山，气候湿润，白云在山峰间浮动，虫鸣于绿荫中传来。街道平整洁净，两旁商铺林立，人们脸含笑意，生活惬意舒适。

行走在井冈山街头，我们是一座城市在短短几十年内发生巨变的见证者。城市发展迅速，建设良好，脱贫的明显成效显现在我们眼前。交通发达，人们出行十分便利；设施完备，各种店铺应有尽有；居民生活惬意，日常娱乐丰富多彩；高楼商厦拔地而起，不乏宽阔的广场给予大家休闲娱乐之地；绿化细致精致，透露着设计者的巧妙匠心。不得不说，现代化与人情味完美结合的城市，与出发前想象中的井冈山有很大的不同，井冈山比我们想象得更加完美、更加出众。

## 克服险阻，团结奋进

在井冈山的这几天，不仅是对我们实践能力的挑战，更是对我们精神的考验。

烈日炎炎，我们却必须在白天完成工作。井冈山的阳光并不强烈，让人窒息的是压在背上湿热的空气，仿佛进入蒸炉，令人喘不过气，热度贴在身上迟迟不能散去。但直到工作结束，都没有一位同学发出抱怨，没有一位同学想要退缩，没有一位同学放弃前行。

在井冈山的短短几天，我见证着同伴们认真负责、团结奋进的精神。正是这种珍贵的精神，促使着、带领着我们成功完成了任务，结束了在井冈山的实践任务。

## 实践体验，学习感悟

井冈山之行，让我了解了贫困地区脱贫摘帽的宝贵经验，见识了人民上下一心、共同努力、艰苦奋斗的累累硕果，体会到“因地制宜”发展经济的重要性，欣赏到了不一样的风土人情。

短短几天的行程，不仅让我积累了社会工作的经验，更锻炼了我的交际能力，培养了吃苦耐劳的精神，同时，也令我深刻地认识到团队的重要性。

与黄主任的亲切交谈，也使我受益良多。贫穷落后的井冈山已成为回忆，在国家的大力支持下，政府积极开展科学的精准扶贫工作。通过对话，我看到国家对扶贫的重视和帮扶力度，感受到扶贫办和村民之间的团结、上下一心，体会到各级干部对于扶贫工作的认真负责。

这是多么难能可贵的精神，我第一次认识到，我们的人民是这样伟大，在这个飞速发展的年代，在最朴实的人手中，正创造着最不可思议的奇迹。我为此感到自豪，同时相信，在我们所有人的共同努力下，祖国会发展得越来越好。我们这一代是担负重任的一代，要勇于承担，不断增强自身能力，为祖国的美好未来添砖加瓦，尽自己的一份力量。

# 赴江西井冈山扶贫实践团个人感悟

宋　文

在大学生活中，学校以社会实践的形式为我们提供了一个契机，引领我们走出象牙塔，使我们的视野不再局限于纯粹的知识，不再局限于通过网络、电视、手机等渠道了解社会。通过实践，我们真正靠近时代热点，设身处地获得深刻的感触，树立正确的世界观、人生观和价值观。这种社会实践活动，一方面显著提升了我们的实践能力，丰富了我们的社会经验，有助于提高新时代青年学生的整体素质；另一方面也让我们对当下社会的热点问题有着更为深入的认识与研究，激励我们践行青年学生的使命与责任。同时，社会实践对培养新时代领军领导人才有着极为重要的意义。

此次活动，我们实践团追随习近平总书记的扶贫工作脚步，在一周的时间内通过走访调研和实地考察，对井冈山地区的扶贫、脱贫工作情况进行了深入细致的调查研究。或许我们的调研并不如经验丰富的专业媒体机构那般细致翔实，但我们希望可以通过调研活动增强青年人对贫困地区的关注，尽自己所能展现井冈山地区精准扶贫脱贫工作取得的巨大成果，进而表现出当下我国对于扶贫脱贫工作的重视与成效。

我们实践团一行七人在此次井冈山扶贫实践活动中，从最初的彼此并不熟识、工作配合混乱到不断磨合、配合默契、分工明确，最终圆满完成了实践任务。在这个过程中，我们更加深刻地理解并践行了团结合作精神，发扬各自的长处，互补互助，真正形成了一个团队，我们彼此之间也结下了深厚的友谊。此次实践过程对我个人而言也称得上是收获颇丰。在实践过程中，我有机会学习到团队成员中每个人的优势与长处，比如严谨工整的速记能力、幽默风趣的表达能力、对多媒体的应用能力等。同时，我也得到许多与社会各形各色的人进行第一线接触的机会，这也锻炼了我的表达能力，丰富了我的社会经验。这样的实践对我的能力是一种考验，也是一种锻炼，更是一次提升的契机。与此同时，我个人也切身感受到了国家的力量。

通过扶贫调研的社会实践，我们得以有机会近距离接触社会的真实面貌，剖析发现的问题并提出自己的观点与看法。此次我们进行实地扶贫调研，深入曾经的贫困地区，获得第一手资料并形成调查报告。在这个过程中，一种肩负重任的使命感在我们心中油然而生，同时我们也切切实实感受到了习近平总书记在扶贫开发工作会议中指出的“精准扶贫、精准脱贫”所带来的巨大影响。原来，扶贫不只是简单的拨款，更多的是给贫困地区提供创造财富的方法，通过政府和人们的共同努力达到脱贫目标。全国的贫困地区不在少数，经过近几年的有针对性、“对症下药”式的大力扶贫，已经有很大一部分贫困地区摘掉了贫困的帽子，通过多种产业的综合发展大大提高了居民收入，人们过上了幸福的生活，但还有一部分贫困地区的人们仍在经受贫困的煎熬。扶贫是一项持久战，更是一场攻坚战。我们青年人同样应该承担起我们的责任，利用假期时间通过实地走访对实际情况加以研究，利用我们学习到的知识，结合贫困地区的现状，通过授人以渔的智慧、技术、信心，为贫困群众真正脱离贫困贡献出我们的力量。

在如今的时代，对社会中诸如此类热点问题的关注不应当仅仅是政府的工作，更需要我们新一代青年人为此付出努力。我们不应该盲目听信所谓“键盘侠”的高谈阔论，而要去亲身接触，对实际情况加以研究，并做出正确的行动。这是一份责任，也是一份义务。“青年兴则国家兴，青年强则国家强”，这样的社会实践活动促使我们明确自己的时代责任与使命，激励我们向更优秀的时代新人目标迈进。

# 赴江西井冈山扶贫实践团个人感悟

胡帅林

在学院"'心'走在扶贫攻坚第一线——追寻习近平总书记扶贫足迹"主题社会实践活动的支持下，我们实践小组的同学上井冈开启扶贫调研之旅。

这段调研对家处农村的我来说感触很深，这几年家乡的变化确实很大，交通条件不断在改善，住房条件也在改善，物流也比以前快了许多，但是，我还是总感觉缺了点什么。在这次的扶贫实践中，我找到了一些答案。

当我们向当地扶贫办了解扶贫攻坚的具体实施情况和实际成效的时候，主任热心地向我们分享了当地扶贫攻坚的宝贵经验。主任的回答也恰恰解答了我心中的一些疑惑：扶贫不仅要着眼于当下，更要利在将来，要走一条有特色、有潜力的脱贫致富之路。井冈山利用自身土地、竹林和其红色文化，形成了以竹笋、黄桃、茶叶为主的产业链，以及具有井冈山当地特色的红色旅游产业。这些措施都让当地居民有了长久稳定的收入来源，脱贫致富自然也就水到渠成。

在调研的过程中，习近平总书记曾经到访过的神山村最让我们印象深刻，它的今夕对比让我们震惊。几年前，这里交通不便，收入不定，村民们大多过着自给自足的生活，没有什么额外的经济来源。自从井冈山当地政府贯彻落实"精准扶贫，脱贫攻坚"的指示后，神山村开始换了模样：交通有了明显的改变，发展了以黄桃和井冈山当地的特色红茶种植为主的产业链。此外又由政府投入修缮住房，改善了当地环境，逐渐形成了具有神山村特色的旅游文化产业，为当地居民带来了额外的收入。我们前往习近平总书记曾经到访过的村民张成德家中，采访了张成德老人。从他口中，我们了解到神山村人的生活质量不断提高，收入水平也不断提升，村民都过上了好日子，而张成德老人在经历这些变革中可谓感触颇深。

脱贫不仅仅要经济脱贫，还要教育脱贫。在这一点上，井冈山当地政府也做得十分全面：将教育资源合理分配，对于家庭经济条件较差的学生，分发补贴，保证了每个学生都能顺利完成学业，且不给家里增添额外的经济负担。而这一点，我们也在采访当地居民的时候得到了证实，这让我感受到了当地政府与群众的团结及打好脱贫攻坚这场战役的决心。

扶贫是长久攻坚战，政府部门应该发现问题，一步步完善政策，民众更应该积极了解、积极配合、努力奋斗，在政府与自己的共同努力下脱贫致富。这次的井冈山之行让我收获颇丰。人民生活不断改善，哪怕是偏远的山村也能惠及，这让我们感受到国家脱贫攻坚的力度之大、信念之强。我相信，在不久的将来，人们的生活会越来越好，脱贫攻坚的目标一定会很快实现。

此次调研活动，我们不仅重走了习总书记扶贫调研路线，亲眼见证了井冈山当地在扶贫攻坚上的实质成效和改变，了解了当地的扶贫攻坚相关情况，而且被当地的红色文化所感染，收获了一笔宝贵的精神财富。虽然活动过程中遇到了许多不便，但通过团队成员的集思广益，还是顺利地完成了此次调研。从中我深深地明白了团队的重要性，一个人终究是有着局限性的，不论做什么事，拥有一群好的伙伴一定会更快、更好地抵达终点。

# 赴四川南部扶贫实践团个人感悟

吕天娇

六月的尾巴，不是很热，正是适合旅行的季节。而今年我选择和小伙伴们进行一次很远的社会实践，走向一个陌生的城市、陌生的村子，面对一些虽然陌生但是对美好生活充满希望的人们。现在，距离暑期社会扶贫已经过去了一个多月，但是我还是时常会想起那段岁月，那段在四川南部社会实践的时光。

## 初选教育为题，专走教育扶贫

在正式出发之前，我们实践小组就开会确定调研主题。综合已出的措施方案、老师的建议以及小组成员的意愿，我们最后选择赴四川省南充市南部县进行扶贫调研。这个县曾经是一个贫困县，但是通过建设和发展现在已经摘下了贫困的帽子，并继续向更加美好的生活前进。

曾经的贫困县在摘掉贫困的帽子之后变成了什么样子？县里、村里的人们生活有了哪些改善？目前和以后的发展目标又是什么？……我们的问题有很多，但我们也清楚地认识到：在短短的三天之内很难获得一个全面的、清楚的认识。于是经过探讨之后，我们选择了教育扶贫作为主要的调研方向。

说到教育扶贫，我们结合自己的学生身份和从小学到初中再到高中的学生生活，对师资力量、学校设施到教学质量都已经有了一定体会和认识，所以不会感到很陌生或是无从下手。另外，教育和扶贫正是近年来我国社会的热点话题，我们选择的这个议题具有时代特性。

## 深入南部县，体验改革方方面面

我们的主要调研地点是南部县及一个其直属管辖的村子。通过走访各所学校，结合校长们对我们问题的解答，我们了解到城里的贫困生都收到了来自政府的补助，学校也提供了一定的经济和心理帮助。部分村子里的学校也在积极建设中，以保证孩子们在学校获得更好的教育，这是每个孩子和他们的父母所希望的，也是政府和国家所希望的。同样在其他方面，我们也了解到，南部县的街道由于20世纪初建时建设得过于狭窄，导致交通严重堵塞，为了解决这一交通问题，政府计划在各个楼盘下面开设停车场来缓解交通压力。从南部县城乡学校近年来的变化和包括停车改革在内的种种城市建设来看，人民政府为了县城紧跟其他城市的发展节奏以及方便人民的生活一直在不断地努力着。

## 总结经验，抒写青年志愿

在南部县的三天，从最初并不完备的调查计划、并不合理的时间利用，到后来摸索出的一套调研体系，我们得到了很多有用的资料和数据。同时在调研的过程中我们也收获着、成长着。也许我们在那些校长、领导的眼里还是孩子，但我们用行动告诉他们我们不只是他们眼里的孩子，还是青年，是一群关心国事、心系祖国未来，并敢于将祖国未来扛在肩上的青年。我们还在摸索中，也还在成长中，但至少在调研的这几天，我们尽我们所能将问题一一列出来寻找答案，将现象铺在面前逐个分析寻求本质。希望这一次的调研，会在北理扶贫这一章上增添一份有用的资料，同时也相信我们北理学子会将“青年服务国家”带到世界各地，并且真正地践行“青年服务国家”这一理念。

# 赴四川南部扶贫实践团个人感悟

刘翰泽

南隆镇位于四川省南充市的南部县县城，是一个在脱贫攻坚斗争中早早脱贫摘帽的模范县，也是我们扶贫实践小组此行的目的地。2018 年 7 月 6 日，小组抵达南隆镇。我们怀着期待和好奇的心情开始探寻南部县的脱贫攻坚之路。

## 初至南隆——城市化与古镇味并行

南隆镇承袭了典型四川城镇的气候，那就是潮湿。再加上正值夏季，天气显得格外闷热。火车站距镇上仅有数公里的路程，刚进入南隆镇就能看到宽阔整洁的街道，两旁高楼林立，城市化的水平很高。南隆镇这个县城的发展程度相较我自己家乡的一些地级市竟然不相上下，令我深感其脱贫攻坚的成效卓著。

随着访行的进一步深入，我们来到了县城的老城区，这里弥漫的恰恰是一个古色古香的小镇味道。老城区里窄窄的街道、老旧的低矮屋舍和参差的高树历经岁月的洗礼。据接待我们的县委办李主任介绍，南部县政府对城镇街道作了大力的整治。如南隆镇在街道上设置了专门张贴广告的信息栏，极大地避免“城市牛皮癣”的泛滥。老城区街道虽然没有新开发区域那么繁华，但干净整洁、安静悠闲，别有一番小镇味道。

南部县的脱贫致富体现在县城一点一滴的变化中，一代代的南隆镇人在发展中感受着这岁岁的变革给自己生活所带来的巨大变化。

## 走访学校——探寻南隆的教育之本

在我们三天的行程安排中，走访南隆镇的各所学校占了很大的一部分。南部县是一个有130万人口的大县，对教育资源的需求量很大。除了公立学校以外，政府也十分支持民办学校的发展，由此提供了更多的可用教育资源。我们走访的南部一中、二中、三中都是规模比较大的学校，很多学校都有初高中合一的办学体制，几所学校在校生人数总共可达5万人。

当我们来到南部一中时，办公室鲜主任十分热情地接待了我们，并带我们参观了美丽的校园。南部一中拥有全县最好的教育资源和最强的生源，向社会输送了大量优秀人才。学校严格按照国家规定给建档立卡贫困生发放资助，并且向品学兼优的贫困生发放奖学金。

参观完几所学校之后，我深刻感受到发展教育和发展社会经济应该是相辅相成的。一个地方有发达的经济，相应其教育资源就会越发优质而丰富；即便一个地方经济欠发达，也要使其从教育的赋值中看到未来的希望，从而更加发奋图强。在教育中储备人才，也就是为未来的发展铺平道路。所谓扶贫要扶智，教育在脱贫攻坚中至关重要，接受良好的教育可以改变一个人甚至一个家族的命运。

## 进打鼓山村——增扶贫前线产业园见闻

在实践的最后一天，我们前往山水秀丽的东坝镇打鼓山村。南部县扶贫办贾主任带领我们来到打鼓山村村委会。在村委会，我们了解到：该村开设了农家书屋、农民夜校，非常重视人民文化素质的培养与提高。同时我们也在村委会了解到了该村农业等各方面的发展和规划建设。

曾经，我对于“扶贫”只有一个模糊的概念，缺乏具体的理解。这次来到打鼓山村，我开始了解到“扶贫”究竟是在做什么。扶贫，简单来说是帮扶困难群众走向致富，具体而言就需要通过发展产业，提高文化素养，引导农业适应市场经济等。说起来容易，干起来难。目前我对扶贫的认知还很浅显，但是打鼓山村一行给了我很深的感触，我将继续思考下去。

经过短短几天的实践，我增长了许多见识。身在基层，我感到每个人、每个家庭的命运都和这个国家紧密相连。作为一名普通的大学生，虽然我现在很难为扶贫做一些实际的行动，但是通过这次实践，我开始慢慢领会到应该思考什么、未来应该做些什么。

# 赴四川南部扶贫实践团个人感悟

黄 旭

暑假南部一行我收获颇多，不仅感受到了国家对南部县脱贫帮扶的成效之大，更感受到了扶贫脱贫政策的精准和全面。

## 从改善环境开始

一进入南部县，令人印象最深刻的就是南部县干净而整洁的街道。坐车前往宾馆的途中，一路上很少看到生活垃圾，全然不像我寻常看到的其他地方的小县城。听当地干部说，南部县通过改善群众的日常生活环境，激励农民积极参与配合脱贫，加快了南部县达到生态宜居的乡村振兴总要求。除此之外，在民生方面，县内持续强化民生保障，扎实推进民生工程，在医疗、养老等公共基础设施方面也取得了显著的成效。

## 从完善教育深入

当天晚上稍作休整后，我们首先前往翔宇小学。翔宇小学校园环境优雅，每个教室都有空调，多媒体教室齐全，同时校园文化建设做得也相当不错。学校有着每位同学为自己种一株植物的传统，在教室的各个走廊里以及操场的角落里，都种有属于学生自己的小植物，同时，墙壁上也都挂满了各个同学精心制作的手贴画。校长为我们讲述了翔宇小学的办学理念，同时重点说明了民办学校对贫困学生的帮扶手段，包括建档立卡户、留守儿童，学校会根据情况为他们免去学费，或者提供吃住。接着我们动身前往实验小学。同样，它也具备成熟的贫困生帮扶政策。在资料室，每个贫困生的信息都已经装订成册，里面的每个人的数据都是经过严格审核的。通过对小学的走访，我们了解到各个学校对于贫困生的资助都能严格做到按照政策执行。

第二天，我们走访了南部县的三所高中，具体了解了南部县的普高或者职高对于贫困生的扶持办法，不得不说南部县能够成为脱贫第一县确实有其道理，其中我印象最为深刻的莫过于每个学校不仅会彻底贯彻落实国家对于建档立卡户的政策，还有一些对于虽然不是建档立卡户的但是生活条件却同样困难的学生的支持，即他们所说的事实孤儿（双方家长中，一方有病或者残疾或者是亡故）。这一条政策的提出，弥补了建档立卡这个政策没有顾及到的一部分人。而在与翔宇小学校长的聊天中我们了解到，南部县脱贫的重大变化主要在于农村，所以这使得我们意识到我们的调查具有一定的局限性，于是在最后一天的行程中，我们准备前往打鼓山村。

## 从发展产业展开

来到打鼓山村后，我们先是参观了打鼓山村的农家书屋。农家书屋是一个给村民提供阅读的地方，主要提供一些农业技术方面的书，也有一些文学方面的书籍。村支书在农家书屋为我们讲述了他过去一年以来为打鼓山村做的事情。之后我们去参观了当地的特色产业——柑橘产业园。行进在阡陌纵横的水泥公路上，大片大片的柑橘林映入眼帘，或布满山头，或遍及平地，橘叶清香夹杂着泥土气息扑面而来。村里的脱贫奔康产业园里，三三两两的农民在锄草、打药。正是通过着力在产业链上做加法的举措，农民在掌握技术的同时稳定增加了收入。这也是南部县产业就业脱贫之路上重要的战略方针。

在调查过程中，我发现当地人的幸福感相当高，对于南部县的认同感都非常强。南部县从经济产业、文化教育、生活基础设施、民风建设等方面全面脱贫，或许是与这些可爱的人有关，或许因为当地正确的扶贫方案，或许这就是国家精准扶贫、精准脱贫的真实写照吧！

决战脱贫攻坚，决胜全面小康，吾辈青年作为社会发展中的重要力量，更应该有理想、有担当，利用所学知识，为国家献出自己的一份力！

# 赴陕西延川梁家河村扶贫实践团个人感悟

赵海涛

不知不觉，2018 年暑假社会实践已经步入尾声。回顾起这些天实践生活带来的触动和成长，我不禁感慨万分。

## 初体验——苦于心，劳于形

"天将降大任于斯人也，必先苦其心志，劳其筋骨，饿其体肤。"社会实践调查并不像我们最初想象的那样轻松愉悦，而是充满了艰辛和挑战。与不同人群的交流、不同的生活条件、不同的饮食习惯……种种困扰阻碍着实践活动的顺利推进。但是对比起扶贫对象曾经的生活状况，对比起扶贫工作组初期工作的重重阻力，这实在是算不上什么。面对重重困难，我们没有轻言放弃——我们像为扶贫工作付出心血的人们一样，选择了坚持到底。

## 实践中——力行而后知之真

在这几天的实践中，我们走进梁家河村深入访谈，与脱贫户对话，与贫困户对话，与扶贫工作者对话，了解了精准扶贫对贫困地区群众的影响。通过精准扶贫，村民教育医疗有保障了，人均收入增加了，生活质量提高了，政府与村民的关系更为紧密了。精准扶贫不仅仅改善了贫困人口的生活条件，更增强了贫困人口对脱贫以及对政策推行实施的信心。

在实地考察过程中，我们本以为从政人员是严肃的、不易交流的，但在见到当地扶贫办的相关负责人后，我们的看法发生了转变。他不仅待人接物和蔼可亲，还安排了人员帮助我们调研，这让我们很受感动。之后几天，他还带我们走访了许多当地的老百姓。他们亲切热情，非常乐于分享他们的生活质量变化情况，我们与他们相处得十分愉快。

实践中，我们得到了许许多多的帮助：给予我们实践机会、了解扶贫工作的学校，热情接待、心连群众的当地工作人员，质朴善良、百忙中接受访谈的经营户……我们感恩的有太多太多。

## 立远志——吾将上下而求索

实践是检验真理的唯一标准。离开实践，就算学得再多，也不过是无根之木、无源之水。社会实践调查使我们找到了理论与实践的最佳结合点。它巩固了我们尚不扎实的理论知识，同时也补偿了我们过于欠缺的实践基础，并使二者相互交融、相互补充，达到了完美的平衡。

同时，此次社会实践更让我认识到了“青年服务国家，知识回馈社会”的迫切性。当今我国扶贫事业如火如荼，但脱贫任务仍很艰巨，实现全面小康仍需努力。在这样一个重要的时代关口，扶贫工作的推行、国家的发展都需要有志之士的参与。作为当代大学生，我们更应走出校门，实现自身价值的最大化，为脱贫事业注入力量。

路漫漫其修远兮。四天的实践，我们收获颇多，一路成长；之后的未来，我们更是会昂首向上，不负期望！

# 赴陕西延川梁家河村扶贫实践团个人感悟

杨　艺

七月的延川，烈日炙烤着这片黄土，照耀着郁郁树木，也同样燃烧着一颗颗年轻向上的心。

## 念旧——追忆梁家河精神

延川县梁家河村是位于陕西省延安市的一个小村子。这里还存留着部分知青故居，狭窄的窑洞里面还复原了当时的一些生活用具，在窑洞的旁边还有当年打的知青井。这些眼前静止的物件似在诉说一个个聚合离别的故事，展现着那些岁月里的幕幕艰苦，也似乎像是在激励着我们当代大学生应珍惜当下的机会与条件，感念梁家河精神。

何为梁家河精神？就是要摒弃空谈、崇尚实干，要做到坚定信念、乐于担当，增进胆识、敢于担当，勤学本领，善于担当，在学习的路上不止步。积极入党的我意识到肩上的担子很重，心里有一个声音一直在告诉自己：我想用科学知识武装自己，认真学习专业知识，努力改善知识结构，增强专业素质，时刻不忘学习，为社会多做点贡献，去帮助那些在困难中挣扎的人们，勇担复兴大任，做时代新人！

## 变革——访延川扶贫办

我们在拜访延川县扶贫办时了解到：扶贫工作展开得井井有条。走进村里的农家乐，家家生意兴隆；经过菜地，蔬菜长势喜人。村民生活红红火火，脸上洋溢的笑容真诚动人。习近平总书记当初作为知青下乡来到了梁家河村，并视它为“第二故乡”，离开后仍不忘常回来探望。现今扶贫工作取得了显著成效，这离不开习近平总书记对这里的惦记、离不开政府和村民的共同努力，他们将扶贫工作挑在了自己的肩上，并且坚信心怀大任必能有所作为的道理。这启示着我们：青年当有责任心——建设祖国的责任，为承担此责任定要勤于提升自我。

“要始终与人民心心相印，与人民同甘共苦，与人民团结奋斗。”这句话表达的是习近平总书记对人民的深深热爱。正是秉持这份热烈而执著的爱与使命感，在梁家河插队期间，习近平总书记用实实在在的行动践行着他一心为民的情怀。在异常艰苦的黄土地上，寒冬时节，他赤脚带领乡亲们修筑淤地坝；他组织村里铁匠成立铁业社，增加集体收入；他带领村民建成了全省第一个沼气村。如今，扶贫工作的成果喜人：人民生活富足，村口架起了沟口大桥，羊肠小道变成了柏油公路，路边安上了太阳能路灯、种上了绿化树，从村头到村尾，映入眼帘的是一幢幢错落有致的新砖房，家家户户用上了自来水，通了广播、电视、电话，接入了互联网。不怕吃苦、踏实勤奋是我们中华民族的传统美德，这些美好的品质在这些建设者的身上得到了完美的展现，而这样的精神在当今的社会里更显得难能可贵。作为要为社会和国家做贡献的青年，我们应该以身作则，学习这些建设者的优秀品质。

## 感怀——记一次深刻的社会实践

在此次实践中，正是自己亲身走近扶贫建设，我才明白了一些道理，打赢脱贫攻坚战关键在于因地制宜：梁家河立足当地优势，发展知青文化旅游产业；梁家河走可持续发展道路，大力发展生态农业；梁家河走集约化发展道路，大力发展标准化养殖产业。是这些方面的共同建设才改变了梁家河的旧况，带动了当地的发展。同样地，我们的发展也要根据自身的特点去规划与实现，正所谓因材施教，事半功倍。只有通过我们自身不断的学习与进步，加强对自我的认识，才能找准发展的方向，实现我们的自身价值。

同时，也正是通过此次实践，我了解了社会的现状和变化，跳出了日常安谧的校园环境，开阔了视野。相信在今后的学习生活中，我们能够带着这份收获更灵活实际的进步。

# 第三章

# 扶贫之实录

/『心』/走/扶/贫/路/

# 赴四川南部县扶贫实践团扶贫采访

采访人： 赴四川南部县扶贫实践团（刘泽、黄旭、吕天娇、王程瀚、黄京艳）
采访对象：打鼓山村村干部
采访时间：2018 年 7 月 2 日
采访地点：打鼓山村

实践团队：南部县于 2017 年宣布摘掉了贫困的帽子，那么您能为我们介绍一下打鼓山村脱贫的一些基本情况吗？

村干部： 打鼓山村 2014 年被国家定为贫困村，全村 313 户，共 1 137 人，其中有 50 户贫困户，共 183 人。2017 年通过检查验收退出贫困村。在脱贫攻坚中，我们的主打产业是晚熟柑橘，全村覆盖，面积达两千亩。

实践团队：在脱贫工作中，村委是如何动员和教育基层农民群众的？

村干部： 首先是做好群众思想教育工作，教育和活动相结合，让群众积极参与，确保我们支部村委的决定能在群众中得到第一时间的积极响应。农民夜校进行几大教育：法制教育，让群众知法、懂法、用法；知党恩、感党恩，要怀一颗感恩的心，知道共产党领导群众要实现什么；传统文化教育，一个家庭一个村要有好的风气，要孝老、敬老；环境保护教育，人类生存发展离不开我们的环境；科学技术培训教育，村里以前靠传统农业，现在把技术培训作为重头戏。村委根据群众自身条件，开展不同的培训，做到村有当家产业，户有技术专长，和产业相结合，还根据不同年龄段、身体状况进行相关技术分工。

实践团队：打鼓山村的柑橘产业园很是出名，请问柑橘产业是如何发展并且有序运行的呢？

村干部：柑橘产业是在上级党委和政府的支持下，村委根据群众意愿决定的脱贫攻坚的主力产业。中央要求脱贫攻坚不丢下一户一人，要脱贫攻坚，必须用产业作为基础支撑，所以根据实际情况全面推广柑橘产业，产业链上实现统一规划，实行规模化。同时我们坚持落实主体责任，干部肩上有责任担子，心里有扶贫任务，眼里有群众利益。扶贫移民局在其中做总体协调和规划；农牧业局负责规划、采购，技术、基础设施；交通部门负责道路建设。

实践团队：请简单介绍一下打鼓山村"三园"中的创业园、就业园、托管园的情况。

村干部：第一个是创业园，有资金，有技术，土地上栽好树，由他们自己来管，自己来收益，我们负责技术培训；第二个是就业园，群众把土地交出去了，在里面拿工资、拿租金、拿分红；第三个是托管园，针对贫困户，建档立卡贫困户缺乏资金技术，我们就义务帮助他，土地交给业主管理，获益按约定分成，帮助贫困户先早日脱贫。

实践团队：您能介绍一下打鼓山村"三园"是怎么解决资金问题的吗？

村干部：第一个保证：租金。保证在正式签合同之前支付租金，按时支付租金。第二个保证：佣金。老百姓做了事情，就得按时支付佣金，这样才能带领群众挣到钱。第三个保证：分红金。社会经济在发展，物质在发展，效益在改变，我们就在合同里约定利益分红的方式。第四个保证：集体经济收入的公积金。公积金是发展工业设施建设的费用，根据发展确定每年公积金的数额，以扩大村级建设的公益设施发展，做好后备支撑。最后就是五个统一，产业发展统一安排、统一标准、统一实施、统一质保、统一销售平台，使得我们的后续发展能够做到"三分栽七分管"，确保我们能使产业持续受益，持续巩固。

实践团队：打鼓山村脱贫之后，年轻群体所占的比例有所上升，您能介绍下针对这些情况的未来规划吗？

村干部：现在很多在外面从事手工业、电子业以及自动化方面的年轻人由于家乡的巨大变化而陆陆续续地回来，他们利用自己所学的知识，从事建筑、商业以及服务业等。针对下一步打鼓山村的具体发展规划，村委要求全村人民统一思想、统一步调，统一一切与发展就业有关的因素，并让它们在一条起跑线上。继续做好农民夜校活动，举办好技术培训，发展像夜会这样的多种形式的娱乐活动来充实群众，让群众感受到打鼓山村与其他村不一样，打鼓山村就是标杆。加强村里文化建设，人的繁荣还是要靠人，通过家乡的发展对比，让所有的打鼓山村人有一种归属感、自豪感、满足感和幸福感，这样才能提高全村的凝聚力。

实践团队：在我们的问题之外，您还有什么想要对我们说的吗？

村干部：很高兴今天你们高等院校的学生来我们这了解农村的情况，也欢迎你们来服务农村。农村并不是你们想象的那样，我相信你们的父母有好多也曾是从农村出来的，或者说在你们上上一代，你们的爷爷辈也是农村的。农村需要你们，农村是一片大好的、广阔的天地，所以也更需要你们回到农村来建设好农村，这也是我们作为基层干部的呼声。所以今天带领你们参观打鼓山村，也算是我们对你们的一种呼声，也希望你们能带着理想来到农村实现人生的第二次辉煌。

# 赴湖南花垣扶贫实践团扶贫采访

采访人：赴湖南花垣扶贫实践团（房子明、朱集、赵维鹏、王牧、李本帆、张德斌）

被采访人：湘西自治州扶贫开发办公室工作人员

采访时间：2018 年 7 月 27 日

采访地点：湘西自治州扶贫开发办公室

实践团队：湘西自治州的整体扶贫工作如何？

工作人员：2013 年 11 月 13 日，习近平总书记亲临湘西自治州视察扶贫开发工作以来，提出了精准扶贫、精准脱贫战略思想，为我们如何做好精准扶贫工作指明了方向，中央、省委、州委又相继召开扶贫开发工作会议，出台了一系列脱贫攻坚文件，吹响了新时期精准扶贫、精准脱贫攻坚战的总攻冲锋号。湘西自治州是湖南省贫困程度最深、扶贫任务最重的地区。后来，湘西自治州大力实施精准扶贫、精准脱贫工作，初步探索出一条集中连片贫困地区可复制、可推广的精准扶贫、精准脱贫路子。

实践团队：湘西自治州有哪些成功的扶贫案例？

工作人员：比如说，吉首市探索建立了“户人分类”的精准扶贫、精准脱贫的方法；泸溪县积极创建股份合作、委托帮扶、生态循环种养的产业精准扶贫模式；凤凰县积极探索“支部＋合作社＋企业＋电商＋贫困户”的自力更生、激发生产力精准扶贫、精准脱贫模式；古丈县走出一条茶叶产业精品园、示范园、主题园建设带动贫困户精准扶贫、精准脱贫之路；花垣县大力推广“龙头企业＋园区带动＋股份合作＋贫困农户”的优势企业带动贫困户精准扶贫、精准脱贫模式；保靖县大力创新“创业园区＋集体经济＋贫困农户”精准扶贫、精准脱贫模式；永顺县积极推行“湘西黑猪＋猕猴桃”两大扶贫产业；龙山县建立了“大学＋农村集体经济＋基地＋贫困农户”的订单农业精准扶贫模式。

实践团队：湘西自治州的扶贫政策是如何处理好产业发展与自然环境之间的关系的？

工作人员：我们扶贫攻坚的目的是让所有的贫困户永远地脱离贫困，如果以破坏自然环境为代价，发展扶贫产业不能今后持续地为湘西自治州的老百姓创造财富。这样的产业是不完善的，更是不健康的。而且随着时间的推移，这些产业不能给百姓带来效益，百姓很可能返贫。我们扶贫攻坚就必须让新的产业能够持续发展，而不是为了短期的效益。举一个例子，我们自从精准扶贫政策实施之后就没有让任何一个污染严重的企业进入州内，绝不让受到污染的、黑色的金钱进来。

实践团队：湘西自治州采取了哪些措施防止脱贫人口再次返贫呢？

工作人员：我们湘西自治州经过长达数年的扶贫攻坚战，使得很多老百姓走上了脱贫致富的道路。如何防止脱贫人口返贫也是我们非常重视的问题。第一，州内的帮扶政策会一直持续到 2020 年消除贫困人口为止，所有脱贫的老百姓在 2020 年之前都会一直得到一定的援助；第二，发展可持续发展的绿色产业，创造就业岗位，鼓励村里的人外出务工；第三，加大对教育的投入，提升老百姓的整体受教育水平，多渠道支持青年通过自己学到的知识摆脱贫困，防止返贫。

# 赴甘肃渭源元古堆村扶贫实践团扶贫采访

采访人：赴甘肃渭源元古堆村扶贫实践团（范文松、张楚雷、刘宇龙、朱佳曦、胡景翔、杨思程）

采访对象：元古堆村村干部

采访时间：2018 年 7 月 3 日

采访地点：元古堆村

实践团队：请您简单介绍一下元古堆村在脱贫攻坚工作前的基本情况。

村负责人：元古堆村位于渭源县田家河乡南部林缘地带，海拔 2 440 米，年平均降水量 508 毫米，无霜期 130 天，属高寒阴湿气候。有 13 个村民小组，447 户，1 917 人，耕地面积 5 500 亩，人均 2.87 亩，林地 4 800 亩，草地 3 850 亩。2012 年年底，全村农民人均纯收入 1 465.8 元，有低保户 151 户 491 人，五保户 8 户 9 人，扶贫对象 221 户 1 098 人，贫困面为 57.3%。经过了这几年精准扶贫精准脱贫工作后，2017 年年底剩余未脱贫户 51 户 129 人，贫困面为 6.72%，全村人均可支配收入达到 8 058 元、贫困户人均可支配收入达到 5 351 元。

实践团队：国家扶贫政策对元古堆村给予了哪些帮助？

村负责人：在各级领导及相关部门的关心支持下，编制完成了《渭源县田家河乡元古堆村扶贫攻坚规划》，确立了将元古堆村建成“全国生态文明示范村、六盘山集中连片特殊困难地区扶贫攻坚示范村”和“率先实现整体脱困、率先建成幸福美丽乡村”的发展目标。渭源县县委、县政府着眼于同步全面建成小康，以脱贫攻坚统揽元古堆村各项工作，实施精准扶贫精准脱贫方略，在县、乡、村各级干部和全村群众的共同努力奋斗下，脱贫攻坚工作取得了明显成效。2012 年 3 月以来，累计投入各类项目建设资金 11 445.08 万元，实施基础设施建设项目 21 个、产业发展项目 9 个、公共事业项目 5 个。

实践团队：目前村民的主要收入来源有哪些？

村负责人：目前主要有肉羊养殖、马铃薯种植、百合种植、中药材（如黄芪、当归、党参等）种植传统优势产业，这几年还引进发展了玛卡、竹柳、苗木繁育和梅花鹿、放养鸡养殖等特色产业，积极发展生态旅游、电子商务、工业经济、清洁能源等新兴产业，全村富民产业多元化发展。

实践团队：目前元古堆村的教育、文化、卫生、养老等社会公共服务如何？

村负责人：首先，我们对元古堆小学进行了整体搬迁，改建教学点 1 个，新建幼儿园 1 所，新建教学及办公用房 1 210 平方米。整合了村级组织活动场所、文化活动室、卫生室、金融代办点、体育健身中心等项目，建成了村民公共综合服务区，改造建设了敬老院 1 处。全村中小学适龄儿童入学率达到 100%，义务教育普及率达到 100%。农村合作医疗、农村最低生活保障、农民社会养老保险等惠民政策全面落实，社会保障体系也在不断完善。

# 赴河北省阜平县社会实践

指导老师：刘博联、贺小琴

团队负责人：杨语欣

团队成员：黄吴淼、蒋庆禹、孔惟、王源、郭子健、王小豆豆、陈学治

## 实践第一天　2018年7月1日

### 阜平县人民政府扶贫办

7月1日，迎着朝阳，乘着清晨的列车，实践小队的成员从北京出发，经过数小时的旅途颠簸，终于抵达了阜平县人民政府。在这里，我们有幸采访到了阜平县人民政府扶贫办主管。他为我们介绍了阜平县的基本概况，以及现有的扶贫政策、政策开展情况等。

阜平县人民政府

通过主管的介绍，我们了解到阜平县由于地处深山、耕地较少、交通不便，造成了贫困的现状。而近些年在中央的各项扶贫政策的精准实施下，高速路已于 2013 年通车，县里也因地制宜地发展起了林果种植业、食用菌养殖业和旅游业，各方面都呈现出蒸蒸日上的态势。

在了解了扶贫的基本政策之后，我们又采访了当地电商办的主管。经过了解我们得知，当地信息扶贫事业发展良好，依托互联网建立起来的电商销售平台正在逐步成熟，主要是对外产出一些当地自己种植的食用菌、苹果等。

采访扶贫办主管

合影留念

经过相关主管的细心介绍，实践小队的成员们对阜平县的扶贫政策形成了大致的了解，也为第二天的实践增添了信心。

## 实践第二天　2018 年 7 月 2 日

### 骆驼湾村　　顾家台村　　龙泉关镇青少年活动中心

7 月 2 日，实践小队的成员来到了骆驼湾村和顾家台村。2012 年寒冬，踏着皑皑白雪，习近平总书记来到这里，看望慰问贫困户，将中央的温暖与关怀送给了这个处于风雪中的村子。

实践小队合影留念

经过了六年的扶贫攻坚历程，两个村子早已旧貌换新颜。曾经的土坯房现在都基本改建成为宽敞明亮的砖瓦房。村中都建起了自己的戏台，家家户户都充溢着幸福。

随后，我们在村里随意走走看看，感受村子的发展变化，还帮村民洗了衣服，也尝试帮正在盖房的村民搅拌水泥。

帮村民搅拌水泥

帮村民洗衣服

骆驼湾村村主任带我们找到了习近平总书记曾慰问过的两家农户——唐荣斌老人和唐宗秀老人的家。

唐荣斌老人年事已高，对于曾经的记忆已经有些模糊。但聊起习总书记来慰问的事情，老人还是十分激动：“当时习主席就坐在这个炕上，和我们唠家常。”

现在，老人已经搬了新家，他的小孙子也已经上了小学，大孙子已经考大学了。无论是孩子上学、老人看病还是生活质量，较之以前都有了很大的提高。

与唐荣斌老人一同前往旧住处

采访唐荣斌老人

唐宗秀老人的家，也一样重新进行了装修，家里十分漂亮。“总书记来过了，现在什么都好了。不愁吃，不愁穿，政府还给补贴。”唐宗秀老人对我们这样说道，言语间透露出老人心中浓浓的满足感和幸福感。

采访唐宗秀老人

通过这些采访与实践，实践队员们深切地感受到，扶贫工作是真的为老百姓带来了切实利益。也正只有走到扶贫第一线，才能最深切地感受扶贫带来的方方面面的改变，体悟党和国家为百姓生活做出的贡献。

接着，在村主任的带领下，我们来到了当地的产业扶贫项目——食用菌养殖基地。

基地建在海拔更高的山上，这里风景十分优美。站在空地上远眺，太行山脉绵亘的山峰尽收眼底，脚下还有零星几个村落分布在半山腰。呼吸着清新的空气，每一位队员都深深地被这美景所震撼。

实践小队合影留念

通过采访，我们了解到这里主要发展食用菌养殖业，雇用一些当地的农民来帮忙摘取、分拣食用菌。既利用了当地的自然资源，又为当地提供了更多的工作岗位，为阜平县的扶贫攻坚事业做出了很大贡献。

实践小队成员在进行采访

阜平本地品牌“老乡菇”

最后，我们又到了阜平县龙泉关镇青少年活动中心。这是在保定市青少年宫的支持下建立起来的青少年活动中心，有了它，龙泉关镇的孩子们也可以领略音乐、美术、舞蹈等艺术的魅力。

龙泉关镇青少年活动中心

与青少年活动中心王校长交谈

## 实践第三天　2018 年 7 月 3 日

### 阜平县电商创业基地

经过两天的实践，我们注意到信息扶贫为当地扶贫工作开展做出了巨大贡献。因此，我们来到了阜平县电商创业基地进行采访。

实践小队在电商创业基地合影

展厅中陈列着种类繁多的当地特产，都经过了精巧的包装，准备通过电商渠道进行售卖。通过对电子商务平台的利用，农户既可以自己开办网店，也可以把自己家种植的产品卖给公司，再由公司大批量加工销售，为农户的致富开辟了一条新的道路。

展厅中展示的当地自产红枣

展厅中展示的当地特产

习近平总书记有言：“消除贫困，改善民生，实现共同富裕，是社会主义的本质要求，是我们党的重要使命。”“十三五”的征程已经过半，扶贫攻坚的号角仍在吹响。在全面脱贫、走向小康的路上，“一个都不能少”。

通过这次暑期社会实践活动，我们切身感受了扶贫攻坚工作和政策为农村带来的直接收益，同时强烈感受到了扶贫前后老百姓生活状况的巨大改变，也对党和国家如此重视扶贫工作而感到深深的感动。

在这三天的实践中，我们更深入地认识了社会，增强了对社会和国情的了解，加深了我们对“担复兴大任、做时代新人”历史使命的认识，同时，在以后的社会实践中，能够更坚定地向“胸怀壮志、明德精工、创新包容、时代担当”的领军领导人才成长目标迈进。

在这次暑期社会实践中，我们既看到了在扶贫攻坚新形势下阜平县因地制宜发展特色产业的执着热情，也感悟到了扶贫路上众多的艰难险阻。但是，成功永远是留给敢于吃苦、不畏艰险的人的。

我们相信，在这个充满了“红色基因”的革命老区，仍会有许许多多感人的基层扶贫故事涌现。同时，通过全县人民以及政府的共同努力，阜平县的脱贫致富梦想也会早日实现，更会为我国乃至世界的脱贫攻坚事业积攒下宝贵的经验。

# 赴山西省岢岚县社会实践

指导老师：贺小琴
带队老师：蔡涛
负责人：温皓渊
团队成员：邓高峰、朱超、白展韬、穆红波、张泽仁

## 2018 年 7 月 27 日

六人的小队，在 7 月 27 日清晨在山西省忻州市客运站集合完毕。在蔡老师带领下，经过两个小时的客车车程我们到达岢岚县。走下客车，迎面而来的是那翠色欲滴的绿和令人心旷神怡的风，舒爽的天气缓解了旅程的疲劳，让人对接下来的扶贫调研工作也充满信心。

入住宾馆，稍事休息也不敢懈怠，抓紧时间讨论下午的采访事宜。大家踊跃发表自己的见解，不断修改草案，以期达到最好的效果。

下午，我们驱车前往岢岚县人民政府。扶贫办赵主任在百忙之中抽出时间，耐心接待了我们。在采访过程中，我们了解到岢岚县脱贫工作主要采取“五个一批”的方式，通过发展生产、易地搬迁、生态补偿、发展教育、社会保障来帮助贫困户脱贫，同时，“六大产业、三个特色、易地搬迁示范作用”等岢岚特色，也为岢岚县的扶贫工作加分不少。提及岢岚县脱贫工作面临的困难，赵主任也深有感触，言语间对岢岚县地理位置和历史人文的深入了解和真情实意令人动容。岢岚县计划在实现全县脱贫，可谓时间紧、任务重。

告别赵主任，我们来到了毛主席路居馆。在解说员姐姐的详细讲解下，我们深入了解了毛泽东与岢岚县的渊源，大家对毛主席所说的“岢岚是个好

地方”也都有切身体会。离开毛主席路居馆，我们又参观了大数据服务中心，真实感受到大数据下的贫困户高效监管模式。最后，我们来到岢岚电商公共服务中心，从以柏籽羊形象为基础做成的毛绒玩具到以岢岚特色红芸豆制成的时光豆豆，岢岚县的文化品牌和特色产品令我们大开眼界。

实践团赴岢岚县政府采访调研

## 2018 年 7 月 28 日

迎着初升的朝阳，我们驱车前往赵家洼村原址。在赵队长的介绍下，我们对赵家洼村的地理环境、人文历史以及驻村工作队的贡献有了细致的了解。在没有搬迁之前，全村人的吃水问题全部依靠一口水位并不很高的井，其他用水更要走很远到村口的小河旁取水，其困难可想而知。离开原址，我们来到赵家洼村与其他自然村合并整体搬迁后的阳坪乡，敞亮的居民住房、健全的公共设施、丰富的文娱活动、巧妙的变废为宝、明确的发展目标，一切的一切竟让人无法相信几年前这里的居民还是贫困户。

下午，我们来到了宋家沟村。以发展旅游业为主的宋家沟村目前已全部脱贫。宋家沟村为村民提供免费的售货点，鼓励村民通过经营农家旅店、发展民间手工艺术等方式拓展收入来源。依托旅游业，宋家沟村的村容村貌也更加整洁有序、富有古风美韵。值得一提的是，村民们对现阶段的生活状况特别满足，当队员问及“现在生活状况如何”时，老爷爷开怀的一声“好！”着实令人感慨欣慰。

实践团赴岢岚县辖村采访调研

## 2018 年 7 月 29 日

到达岢岚县光伏发电站基地，映入眼帘的便是一望无际的蓄电池板，从山下一直延续到山顶，可以想象其投资力度之大，亦可以估计其效益之高。通过相关工作人员的解说，我们详细了解了光伏发电的工作原理、现状、国家优惠政策、需要改进的方面、目前及未来发展将遇到的困难等一系列问题。针对老师及队员们提出的“为什么不只在山上建站”“光伏项目如何扶持贫困户”等问题，工作人员也一一进行了解答，蔡老师更是对其中的技术、材料、效率等方面提出了自己的问题和思考。

为了更加深入地了解岢岚县农村现状，我们随机走访了一个村庄——秦家庄村。在县政府的扶持下，村里创办了农业合作社，为村民提供免费种子；村里还定期举行各种免费的技能培训——我们参观时恰好在举办烹饪培训——鼓励村民从事农业以外的生产活动，甚至走出村去闯一闯。

实践团赴岢岚县光伏发电站基地调研

## 2018年7月30日

在紧凑的调研安排下，转眼到了实践活动的最后一天。老师和队员们带着自己满满的思考和收获，怀着对岢岚县扶贫工作必将顺利完成的信心和衷心的祝福，踏上各自的归途。

实践团全体队员合影

## 写在结尾

跬步可积千里，滴水亦成江河。

一个人的力量也许不足畏惧，但整个民族的力量聚在一起，足以完成扶贫之大计。

# 赴湖南花垣县十八洞村社会实践

指导老师：郑佳然、贺小琴
团队负责人：欧阳青云
团队成员：张江文、江彦楠、王冠明、周煜涵

## 前 言

摆脱贫困是千百年来全国各族人民的美好梦想。2013年11月3日，习近平总书记到湖南省湘西自治州视察，在花垣县十八洞村与群众座谈时，首次做出了“实事求是，因地制宜，分类指导，精准扶贫”的重要指示，为全国各地脱贫发展提供了方向指引和根本遵循。2018年7月1—5日，结合学院组织开展的“‘心’走在扶贫攻坚第一线——追寻习近平总书记扶贫足迹”主题实践活动，我们赴习总书记精准扶贫重要战略思想首倡地——十八洞村开展专项社会实践。通过采访县乡扶贫干部、与村干部及驻村扶贫队员进行座谈、进村入户与老百姓面对面了解情况等形式，深入观察、见证、思考和感悟十八大以来精准扶贫的生动实践和基层日新月异的变化，追寻习近平总书记的扶贫调研足迹，用心灵体会总书记的为民情怀，同时为精准扶贫工作的深入推进，积极探索如何进一步发挥大学生优势的现实路径。

## 十八洞村概况

十八洞村位于湖南省湘西自治州花垣县双龙镇西南部，紧临吉茶高速、

209 和 319 国道，距享誉“四个亚洲第一”的矮寨大桥 8 公里，距花垣县城 34 公里，因村内有 18 个天然溶洞而得名。全村 6 个村民小组，225 户，939 人，人均耕地 0.83 亩，是一个典型的苗族聚居贫困村。

湖南湘西花垣十八洞村

十八洞村寨门

## 实地走访

小组成员在花垣县委大楼合影

实践小组采访花垣县委副书记彭学康

2018 年 7 月 3 日上午 9 点，我们来到花垣县委，有幸采访到百忙之中的县委副书记彭学康，他给我们详细介绍了花垣县精准扶贫的做法、成效、特色和亮点。我们了解到，四年多来，花垣县委、县政府牢记习总书记嘱托，积极探索可复制、可推广的精准扶贫模式，为十八洞村找准了自身的定位。十八洞村在 2016 年就迎来了脱贫的曙光，成为湖南省首批退出贫困村和全国精准扶贫的一张靓丽名片。

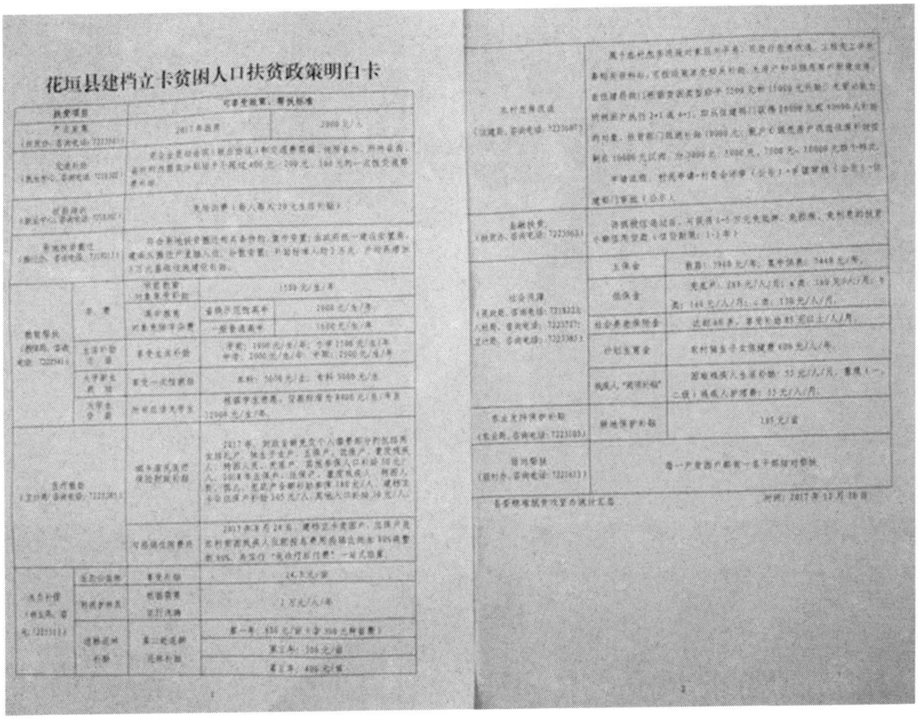

花垣县建档立卡贫困人口扶贫政策明白卡

[illegible]

花垣县建档立卡贫困人口扶贫政策明白卡

2018 年 7 月 3 日上午，花垣县委办干部麻顺德带领我们来到十八洞村。实践小组走访了习近平总书记到访过的石爬专老人家中，采访了十八洞村第一支书石登高和驻村干部。石书记告诉我们，十八洞村近年围绕精准扶贫，主要做了三个方面的工作：一是抓基础设施建设，目前十八洞村水、电、路、网等基础设施已基本完善；二是抓特色产业建设，目前已形成猕猴桃、稻花鱼、十八洞山泉水、腊肉、苗绣、乡村游等特色产业；三是抓群众内生动力激发，给老百姓做深入细致的思想工作，激发他们脱贫致富奔小康的愿望和激情，变“要我脱贫”为“我要脱贫”。2017 年，十八洞村全村人均纯收入由 2013 年的 1 668 元增加到 10 180 元，136 户 533 名贫困人口全部实现脱贫，贫困发生率由 2013 年的 56.76% 下降到 1.17%，村集体经济收入 53.68 万元，全村实现稳定脱贫。

采访十八洞村第一支书石登高

看望被习总书记尊称为“大姐”的石爬专老人

在对建档立卡户的走访过程中，我们遇见两户人家正在修缮、修建房屋。看见忙得不亦乐乎的农户，同学们主动上前帮忙，有的挑沙子，有的搬砖头，有的拌水泥，参与了两个多小时的劳动，拉近了与群众的距离，展现了当代大学生心中有民、心中为民的道德品质。

组员张江文同学在施明家劳动

组员江彦楠同学在隆国华家劳动

组员周煜涵同学在隆国华家劳动

冒雨走访建档立卡贫困户

脱贫的建档立卡户杨朝文开农家乐
奔小康与同学们分享经验

采访十八洞村驻村干部王同志

实践团在建档立卡户家中问卷调查

采访花垣十八洞旅游开发有限公司
副总经理施进兰

## 变 化

四年多来，十八洞村发生了翻天覆地的变化，主要表现在以下四点。一是村容村貌焕然一新。以美丽宜居村庄建设为目标，坚持“修旧如故”原则，认真规划十八洞村建设，大力推进道路、饮水、电网改造，民居改造，景观旅游设施及公共服务设施建设，彻底改变了原来十八洞村交通闭塞、村舍简陋、环境不佳的状况，村容村貌换上了“新颜”。二是思想观念悄然转变。以前群众“等靠要”思想突出，修路、盖房子、发展产业等都巴不得上面的人来搞。工作队及村两委班子通过挨家挨户做思想工作，创新推行群众思想道德星级化管理模式，举办村文艺晚会等活动，对群众实行潜移默化的思想教育，现在群众脱贫致富的信心大、愿望强、劲头足。三是致富产业逐步成型。几年来，认真领会总书记“把种什么、养什么、从哪里增收想明白”的重要指示，制定长期、中期、短期产业发展规划，确定了种植、养殖、苗绣、劳务、乡村游、山泉水 6 大产业为主的发展思路，为十八洞村群众探索出一条产业致富的好路子。四是幸福指数明显提升。坚持不让一个村民在脱贫路上掉队，大家的生活都好了起来，生产生活条件全面改善，不愁吃、不愁穿，人均收入翻几番，实现“一超过、两不愁、三保障”，特别是通过举办苗寨相亲会，全村 10 多个大龄青年顺利“脱单”，如今的十八洞村民个个幸福感满满。

猕猴桃基地

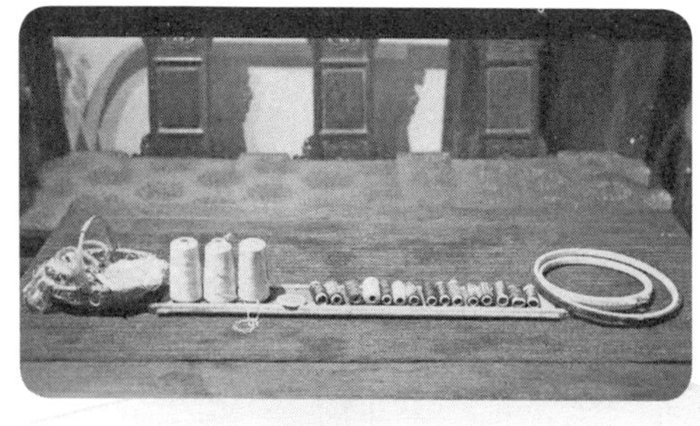

苗绣

十八洞山泉水

由十八洞村与步步高公司联合建设的十八洞村山泉水厂于 2017 年 10 月 8 日正式建成，2018 年 3 月 22 日正式上市。山泉水厂每年将按“50+1”的形式给村集体分红，2017 度已实现村集体分红 50.18 万元，实现了共享发展、互利共赢。

## 小　结

短暂而充实的湖南湘西花垣十八洞村精准扶贫社会实践活动圆满结束了。这些天，我们在湘西山青水秀、如诗如画的风光中徜徉，在土家族、苗族特色浓郁的民俗文化中滋养，更在十八洞村父老乡亲攻坚克难、脱贫致富奔小康的感人事迹中成长。十八洞村——这个曾经积贫积弱的村庄，在习近平总书记“因地制宜、实事求是、分类指导、精准扶贫”思想的指引下，探索出了许多可复制、可推广的扶贫经验，创造了许多扶贫工作特色亮点，拓展了湘西各族群众决胜脱贫攻坚的光明前景，让我们深深感到中国特色社会主义制度的无比优越，让我们深深感到习近平总书记精准扶贫战略思想的实践伟力，让我们深深感到脚下的土地蕴积的蓬勃力量，坚定了我们的理想信念，丰富了我们的实践认知，砥砺了我们的为民情怀，我们铭记于心，永远不忘。在此对花垣县委、县政府以及县委办、攻坚办、扶贫办、双龙镇以及十八洞村群众的大力支持表示衷心感谢！

# 附录

## 踏着习总书记的足迹，<br>走出新时代的扶贫“长征路”

中国青年网北京 9 月 22 日电（记者　王晓芸）从西北边陲到雪域之巅，从黄土高坡到云贵高原，累计行程 25 000 公里，走过 25 个贫困县——就在刚刚过去的这个暑假，北京理工大学一群“95 后”大学生用自己的实际行动，走出了一条新时代的扶贫“长征路”。

“到 2020 年现行标准下农村贫困人口全部脱贫、贫困县全部摘帽，是我们党立下的军令状。”党的十八大以来，习近平总书记的扶贫足迹遍布全国，多次对坚决打赢脱贫攻坚战做出重要战略部署。坚决打赢脱贫攻坚战，让贫困人口和贫困地区同全国一道进入全面小康社会是我们党的庄严承诺。

脱贫攻坚，青年当先。作为实现中华民族伟大复兴的青春力量，作为打赢脱贫攻坚之战的重要“生力军”，广大青年当仁不让。

### 脱贫攻坚　青年当先

追寻着习近平总书记的扶贫足迹，2018 年暑假，北京理工大学自动化学院 25 个扶贫专题暑期社会实践团、166 名青年学子在学院老师的带队下踏上征程。陕西延川县、河北阜平县、甘肃渭源县、宁夏泾源县、湖南花垣县、贵州遵义县……他们的足迹踏遍全国 25 个贫困县，累计行程 25 000 余公里，深入基层体验观察，用“心”走在扶贫实践的第一线。

在甘肃省定西市渭源县田家河乡元古堆村，参加扶贫实践的青年学子们走进马岗老人家中，与他畅谈这几年生活上的变化。

马岗是元古堆村的老党员。2013 年 2 月 3 日，习近平总书记来到这个海拔 2 400 米的小村落看望困难群众，与马岗亲切交谈，了解生产生活情况。

“从马岗爷爷那里了解到元古堆村这几年的变化，看到低矮的土坯房变成整齐划一的新村安居房，看到村民们正在把幸福美好的日子越过越红火，我深有感触。”实践团成员、北京理工大学学生杨思程说，“我希望自己也能在脱贫攻坚之战中贡献自己的一份力量。”

在宁夏回族自治区固原市泾源县大湾乡杨岭村，青年学子们一行来到村民马克俊的家中。

2016 年 7 月，习近平总书记曾到杨岭村看望父老乡亲，实地考察精准扶贫情况。如今，通过精准扶贫，当年产业滞后的贫困村已成为宁夏回族自治区特色旅游产业示范村。

“习总书记当时坐在我家炕沿儿上跟大伙唠家常，算脱贫账，那时的情景我现在还记得。”马克俊说，“现在生活水平提高了，还有了自己的茶馆，日子越来越好！”

实践团在马克俊家采访调研

“通过实地走访，我看见了政府落实精准扶贫政策的力度和农村的显著变化，更看见了各级扶贫人员的努力与奉献，他们在精准扶贫路上的执着精神深深地感动着我，激励我更加努力学习，回报社会，报效国家。”实践团成员、北京理工大学学生朱集说。

# 践行初心　时代担当

用心感受党中央脱贫攻坚工作实效，更要用实际行动参与到扶贫实践中来。

为此，北京理工大学自动化学院提出采用“一县·二村·三农”的实践形式。“一县”即实践团队采访当地扶贫主管负责人或对口支援单位干部扶贫工作开展情况，以观察、访谈的方式，了解贫困县落实国家政策、制定具体举措、脱贫攻坚实际成效的具体情况；“二村”即实地走访贫困县乡村，切身体会脱贫攻坚一线情况，采访当地村干部，了解扶贫政策及举措的具体开展情况，现场参观当地扶贫项目，形成文字资料；“三农”即进入村民家中，采访农户，参与农活，了解村民对扶贫政策、扶贫实效的切实感受，收集基层扶贫的感人故事。

此外，学院还号召实践团队根据队员的学科专业和技能特长设计科教服务内容，引导青年学子们发挥智慧，利用所学开展科技扶贫、智力扶贫，组织科普支教夏令营等活动。

此次扶贫实践活动只是北京理工大学“担复兴大任，做时代新人”主题教育活动的一个缩影。

聚焦新时代，北理工开展了“时代新人我先行”“时代新人我担当”“时代新人我代言”等实践活动。学校 2018 年还设置了“中国精神学习宣讲行动”“国家宏观战略推进行动”“军民融合创新发展行动”等专题活动，共组建 1 381 支社会实践团队，参与师生约 1.05 万人次。

“自动化学院全面落实学校党委要求，扎实推动实践育人的内涵建设。‘心’走扶贫第一线，希望通过这次实践活动能够培养青年学子勇担时代重任的信心与决心，引导学生在亲身参与中增强实践能力，树立家国情怀，为全面建成小康社会贡献青春力量。”北京理工大学自动化学院党委副书记、副院长张宏亮介绍道。

“目之所及，耳之所闻，通过重走习近平总书记扶贫足迹，让青年学子们亲身体悟习近平同志的深邃思想、职责担当和对人民的赤子之心。”北京理工大学团委书记肖雄表示，“希望通过这样的活动，让青年学子们充分体悟总书记对青年的殷切期望，成长为勇担重任的时代新人，为实现中华民族伟大复兴做出贡献。”

来源：中国青年网

2018-09-22

# “心”走扶贫路
## ——北京理工大学自动化学院暑期社会实践团侧记

“北京来的大学生啊！”87岁的老党员马岗爷爷蹒跚着从老屋走出来，对北京理工大学自动化学院暑期专项社会实践学子的到来显得格外热情和激动。马岗是甘肃省定西市渭源县元古堆村的老党员。

这个假期，北京理工大学自动化学院暑期专项社会实践团队追寻习近平总书记扶贫足迹深入基层，“心”走在扶贫攻坚的第一线，亲身感受全面建成小康社会的伟大脉搏。

马岗已有60年的党龄，元古堆村的每一处都曾留下了他年轻时的身影与足迹。“现在国家富裕了，你们一定要好好学习，为社会做贡献！”马岗老人胸前的那枚党徽显得格外耀眼明亮。

“苦瘠甲于天下”的定西这个老村落正在焕然一新中。政府实施旧房改造项目和企业援建项目，让马岗家的农家四合院修葺一新。院中的小花圃繁花锦簇，水泥瓷砖建造的新屋宽敞明亮。

“从破败不堪的低矮土坯房变成整齐划一的新村安居房，从靠天吃饭的自给自足变成了入股分红的致富坦途，元古堆村的沧桑巨变，给了元古堆人砥砺奋进奔小康的不竭动力，元古堆人正在把幸福美好的日子越过越红火。不久的将来，我希望自己能光荣地成为一名共产党员，希望我能够在全民小康、脱贫致富上做出自己的一份贡献。”北理工学生杨思程这样说道。

为促进青年学生在实践过程中真正理解“中国梦”的本质内涵，引导青年学生在融入社会、服务社会中树立“四个正确认识”，北理工自动化学院计划在“十三五”期间，派出学生社会实践团走访100个贫困县，让学生在感受第一个百年梦想实现的伟大进程中，与祖国同步、与人民同步，思考青年人的使命与担当。在2017年重点走访山西、河北两省共16个贫困县的工作

实践团在马岗家采访调研

基础上，学院 2018 年结合北理工“担复兴使命、做时代新人”主题教育活动的要求，开展“心”走在扶贫攻坚的第一线，追寻习近平总书记扶贫足迹的主题实践活动，通过社会调研、志愿服务等活动深入地认识社会，增强对社会和国情的了解；引导青年学生学习和思考习近平总书记胸蕴家国、心系人民的家国情怀，抓铁有痕、踏石留印的真抓实干精神。

2018 年 7 月至 8 月间，北理工自动化学院 25 个扶贫专题暑期社会实践团共 166 名实践团员追寻习总书记扶贫调研足迹，从黄土高坡到雪域高原，从西北边陲到云贵高原，走访了陕西延川县，河北阜平县、张北县，甘肃渭源县，宁夏泾源县，湖南花垣县，贵州遵义县等 20 多个贫困县，累计行程 25 000 余公里。

“我们的目标就是要让红色最红，绿色最绿，脱贫最好！”江西省井冈山市扶贫与移民办公室黄常辉副主任在与大学生交谈中说。井冈山于 2017 年正式退出国家贫困县行列，正式脱贫摘帽后，便提出乡村旅游要“最绿”，红色文化培训项目要“最红”。

“生活水平提高了，脸上的笑容当然就多了，现在还有了自己的茶馆！”

宁夏自治州泾源县大湾乡杨岭村的回族村民马克俊老党员对学生们幸福地说道。山大沟深、产业滞后，2016年泾源县26个脱贫村之一的杨岭村如今也成为了宁夏回族自治区特色旅游产业示范村。

“十八洞村的脱贫经验不是唯一的，十八洞村的成功是可以复制的。”湖南省湘西土家族苗族自治州扶贫办主任李卫国对湘西实践团一行这样说道。

北理工自动化学院副书记副院长张宏亮介绍，目之所及，耳之所闻，我们设计这样的实践活动，就是教育引导学生在亲身参与中增强实践能力、形成理性思维，进而充分践行总书记对青年人的殷切期望。

这次实践采用“一县·二村·三农”的形式。“一县”即实践团队采访当地扶贫主管副县长或对口支援单位干部扶贫工作开展情况，以观察、访谈的方式，了解贫困县落实国家政策，制定具体举措，脱贫攻坚实际成效的具体情况，加深对全面建成小康社会的理解和认识。“二村”即实地走访贫困县乡村，切身体会脱贫攻坚一线情况，采访村派驻第一书记或当地村干部，了解扶贫政策及举措的具体开展情况，现场参观当地扶贫项目，形成文字资料。“三农”即进入村民家中采访一户农户、参与一次农活、体验一次农家饭，鼓励实践团队走进习近平总书记曾走访的农家，了解村民对扶贫政策、扶贫实效的切实感受，收集基层扶贫的感人故事。此外，学院团委号召实践团队根据队员的学科专业和技能特长设计科教服务的内容，突出体现大学生利用所学开展科技扶贫、智力扶贫，例如在长武县、安化县等地学院实践团队便开展了科普支教夏令营的实践形式。“通过实地走访各贫困县进行体验观察，学生更能深入了解国家政策，进一步提高他们的社会认知。我也真切地感受到了农村日新月异的巨大变化，为自己是一名中国人而自豪。”社会实践指导老师贺小琴这样说道。

崇山不掩脱贫志，曲水更送致富经。“通过实地走访，我们看见了边区农村真实的贫穷现状，也看见了政府落实惠民政策的力度和农村的显著变化，更看见了各级扶贫人员的努力与奉献，他们在扶贫路上的坚持执着和汗水深深地感动了我们。他们这种锲而不舍的精神将激励我们更加努力学习，以更好地回报社会，报效国家。”学生朱集说。

“这是我第一次参加较远距离的社会实践，第一次正式走出校门接触社会、了解社会，感受社会与校园的区别。井冈山一行，让我了解了贫困地区脱贫摘帽的成功举措和经验，感受到了居民上下一心、共同努力、艰苦奋斗的精神，也欣赏到了不一样的风土人情。我相信在我们所有人的共同努力下，祖国会发展得越来越好，而我们这一代更是担负重任的一代，我们必须要勇于承担，努力增强自身能力。”学生毛新伟说。

来源：光明日报客户端

2018-09-03

# 北京理工大学红色实践团赴甘肃渭源扶贫调研

中国青年网定西7月31日电（通讯员：杨思程　张楚雷）2018年7月6日，北京理工大学自动化学院派出实践团探访贫困县，见证十八大以来基层翻天覆地的变化，体会习近平总书记治国理政的战略布局，用行动去助力中华民族的伟大复兴。

“‘心’走在扶贫攻坚的第一线——追寻习近平总书记扶贫足迹”，北京理工大学红色实践团赴甘肃渭源采访调研。

实践团首先采访了渭源县扶贫办浪主任，了解当地扶贫政策及其深度影响。浪主任表示会倾心帮民奔小康。之后实践团来到元古堆村，采访了元古堆村郭主任，并在郭主任的带领下参观了元古堆村和村史馆。村史馆让同学们对扶贫前后元古堆村的发展情况有了比较直观的了解：数年时间，这个渭水之源最贫困的村子，用创新和勤劳取得了整村脱贫的骄人成绩。郭主任也谈到了村子近几年的大变迁，还表示会进一步加大工作力度，深化拓展元古堆村扶贫攻坚和美丽新农村建设。随后，实践团到老党员马岗家中拜访。马岗和实践团的师生们洽谈甚欢，他反复强调同学们一定要好好学习，为党和国家做出自己的贡献。随后，实践团参观了梅花鹿养殖基地。基地的梅花鹿达300多头，每年从这里送出去的种鹿和鹿产品数不胜数。

最后，村主任带领实践团参观了元古堆村正在开发的旅游区，青砖红瓦白墙的房屋、整洁宽敞的马路、精致典雅的小广场、整齐排列的太阳能路灯……元古堆村正在越变越好！

实践团采访渭源县扶贫办浪主任

实践团采访元古堆村郭主任

实践团参观元古堆村

实践团参观村史馆

实践团拜访老党员马岗

实践团参观梅花鹿养殖基地

实践团参观元古堆村正在开发的旅游区

来源：中国青年网

2018-07-31

# 北京理工大学暑期社会实践团队赴东坪镇扶贫调研

2018 年 7 月 12 日，北京理工大学暑期社会实践团来到东坪镇木子社区、百选村开展精准扶贫专项调研活动。

北理工社会实践团队以聚焦农村精准扶贫行动为主题，十余名本科生组队走进国家贫困县——益阳市安化县，深入了解中央关于精准扶贫工作重大决策部署的贯彻落实情况，重点调研当地产业扶贫、帮助建档立卡贫困户脱贫致富的情况，挖掘当地特色亮点，助力乡村制定完善发展规划，为当地发展献计献策。

上午，实践团来到东坪镇木子社区，听取了村支书与县人大驻村工作队长的详细介绍，了解了木子社区开展教育扶贫、危房改造、易地搬迁、完善基础设施建设以及产业帮扶等情况。2018 年年初，通过驻村工作队的联系，木子社区的贫困户与当地一家有机蔬菜合作社签约，开始种植沙参、辣椒，合作社免费提供种苗、肥料和技术，并以保底价格回购；同时，木子社区邀请益阳市专业种植老师、有种植经验的农户来到木子社区开展技术培训，通过技术培训与产业帮扶，增强贫困户的持续造血能力，帮助贫困户脱贫致富。

期间，实践团还到木子社区贫困户颜银枚家里，同她亲切地交流。颜银枚已经 88 岁了，家里 4 口人，儿子、儿媳妇都 60 多岁了，孙子虽然只有 44 岁，却患有精神病，长期吃药，是政策覆盖的低保户。颜银枚看到这么多年轻活泼的大学生来看她，非常感动，临走时还说欢迎下次再来。

下午，实践团队来到百选村，同百选村支书、县城投公司驻百选村扶贫工作队长座谈。会议重点介绍了百选村在近几年的变化，在公路硬化、道路扩改、产业帮扶、社会保障、教育帮扶等方面亮点多多。产业发展方面重点推广蔬菜种植，除了传统蔬菜种植，还引进新农贸种植产业——富硒产品种植，将产业帮扶的覆盖度、收益率不断提高，鼓励贫困户自力更生、艰苦奋斗，在自己脱贫的同时能够带动其他贫困户一起致富。

会后，北理工实践团队还到了百选村脱贫致富带头人吴广岩的家里，实地了解他的种养殖基地。吴广岩是2014年建档立卡贫困户，这四年一直致力于养鸡种植，虽然经历过多次挫折，但是在精准扶贫政府的帮扶和县、镇、村多级干部的帮助下，他能干肯干，脱贫劲头很足，现在他新建的养鸡棚有800平方米，鸡苗6 000余只，新种植果园(樱桃、杨梅、黄桃)3亩，2018年收入能够再创新高。

实践团赴东坪镇采访调研

北京理工大学暑期社会实践团通过两个村的实地走访，对精准扶贫一线情况有了更深入的了解。实践团队队长王玲说：“这次实践，我的收获很多。我看到一线干部的辛苦付出和政策利好对贫困户们的帮助。如果有时间，我们还想多走访、多调研、多了解，感受乡村变化。”

来源：安化新闻网

2018-07-14

# 北京理工大学暑期社会实践团<br>赴湘西自治州扶贫调研

近日，一支来自北京理工大学自动化学院的暑期实践团来到了湖南省湘西土家族苗族自治州扶贫第一线，了解当地扶贫工作的开展情况。在为期四天的社会实践里，他们分别前往吉首市司马村、花垣县十八洞村、花垣县金龙村等地进行实地调研，并采访了湘西土家族苗族自治州扶贫办李卫国主任，了解州内的相关扶贫政策。

体验助观察，实践获真知。贫困村日新月异的村容村貌给实践团员留下了深刻的印象。司马村的老爷爷身患重病，家境困难，但在国家和自治州“一对一帮扶”精准扶贫政策下，日常生活得到了保障；花垣县十八洞村，整洁的道路、完备的基础设施和洋溢笑容的村民让同学们感受到不一样的新农村；悬崖上的金龙村寨，淳朴的民风、旖旎自然的旅游风光让人心旷神怡。此外，实践团还前往当地猕猴桃园和苹果桃园进行实地考察。

近年来，在“实事求是、因地制宜、分类指导、精准扶贫”的战略思想和“可复制、可推广”的重要指示下，花垣县委、县政府根据各村的实际情况，在“精准”二字上下苦功、下硬功，找准病因病根，遵照“因地制宜”的精神，提出了“跳出村镇建设村镇”的产业扶贫新理念，将村民手中闲置的土地集中管理，将土地资源变成项目资产，结合电子商务发展了新型农产品产业，为贫困村镇建立了长远致富的产业。同时，又邀请国内农业种植领域的顶尖科学家提供相关技术支撑。在多种政策的帮扶下，当地的猕猴桃、苹果桃等长势喜人，已经初步形成自己的品牌，正在逐步打开全国市场。村民完全脱贫、长久致富的目标逐步实现。

实践团还就精准扶贫的具体任务、给贫困人口带来的改变以及州内脱贫工作开展等问题，采访了湘西土家族苗族自治州扶贫办主任李卫国。李主任详细介绍了湘西自治州的扶贫开发情况，下一步精准扶贫的部署，并重点介绍了十八洞村精准扶贫的经验。2019 年，全州的 7 个贫困县，余下的 25 万贫困人口要全部脱贫，到了 2020 年，这些群众要跟全国一起同步脱贫进入小康社会，不能有一个掉队。谈及十八洞村，李主任对其脱贫的方式成效进行了高度赞扬。同时他也说道：“十八洞村的脱贫不是唯一的，不是特例，十八洞村的成功是可以复制的。目前越来越多的贫困村也开始采用十八洞村的扶贫模式，并取得了一定成效。”此外，李主任还介绍了其他几个贫困村脱贫的实例供同学们借鉴思考。通过李主任深入浅出的讲解，实践团对精准扶贫有了深刻而全面的理解。

湘西自治州的产业发展和村容村貌的变化，特别是干部群众在精准扶贫过程中展现出的良好精神面貌让实践团成员感触颇深。“通过实地走访，我们了解到当地贫困的真实状况以及落实惠民政策的力度，还有农村的显著变化，更看到了湘西各级扶贫工作人员的辛勤和努力。”实践团成员朱集介绍说，“我们相信这种精神将会激励我们更好地学习，更好地回报社会。”“通过大学生这种体验式观察，让大学生深入了解国家政策，也提高了他们对社会的认识。”随行带队教师贺小琴阐释了此次实践的目的及意义。

实践团赴湘西自治州采访调研

青年是国家的希望、民族的未来。来自北京理工大学自动化学院的这支实践团展现了青年对国家的关注、对社会的关心、对群众的关怀。这支大学生实践团，就是青年服务国家的一处缩影。在国家全面建成小康社会的决胜期，相信会有更多的新时代青年投入到脱贫攻坚中，以一腔家国情怀，担起国家复兴的大任。

来源：新湖南客户端

2018-08-07

# 北京理工大学暑期社会实践团<br>赴张北扶贫调研

本报讯（记者马冬胜　通讯员全威、周传宝）“此次张北之行，让我们开阔了眼界，增强了社会实践能力。”在谈及张家口市张北县进行的扶贫实践调研活动时，北京理工大学自动化学院的学生李琪深有感触地说。

2018 年 7 月 4 日至 6 日，李琪和其他 4 名同学来到张北县，通过与相关部门交谈、自己实地考察等方式，对张北县的扶贫工作进展做了大概了解。为了实地了解张北县的扶贫状况，实践团还走进小二台镇德胜村，了解该村目前的精准扶贫状况与方向。

“虽然只有三天，但我们收获很大。”学生李东洪说，无论是为扶贫劳碌不休的县政府工作人员，还是决心要完成扶贫大任的村支书，以及为了自己美好未来辛苦奋斗的村民，都显现出对家乡的强烈自豪感。

学生李金鹏说，这次社会实践活动让他们切身感受到了国家精准扶贫政策实施后带来的变化，增强了对社会和国情的了解。

来源：东方新闻

2018-07-13

# 暑期实践团活动照片

**贵州省遵义市汇川区**
走访扶贫办

**陕西省咸阳市长武县**
灵凤村小学暑期支教

**甘肃省定西市渭源县**
进校科普宣讲

**甘肃省定西市渭源县**
采访老党员马岗

**湖南省湘西花垣县**

十八洞村走访调研

**湖南省湘西花垣县**

十八洞村与石爬专“大姐”合影

湖南省湘西花垣县
司马村与老支书合影

河北省保定市阜平县
实践团成员合影

山西省忻州市岢岚县
参观光伏电站

四川省南充市南部县
走访南部二中

江西省井冈山市
体验打糍粑

江西省井冈山市
调研农村居民生活

江西省井冈山市
体验石磨

**甘肃省定西市渭源县**
参观村史馆

**湖南省湘西花垣县**
入户走访

**湖南省湘西花垣县**
阅读扶贫公示

**宁夏固原市**
扶贫办采访

**宁夏固原市**
参观蔬菜种植基地

**安徽省六安市金寨县**
大湾村体验农活